Educare senza urlare

Apprendi la disciplina positiva e la comunicazione efficace
per migliorare e perfezionare i rapporti con i tuoi bambini
e la famiglia per un ambiente sereno e sano

Barbara Funetta

Biografia

Ciao a tutti! Sono Barbara Funetta, una mamma e un'appassionata sostenitrice dell'educazione positiva e dell'importanza di creare legami familiari solidi e amorevoli. Nata e cresciuta in una piccola cittadina italiana, ho sempre avuto una grande passione per la scrittura e per condividere le mie esperienze e riflessioni con gli altri.

Dopo aver trascorso anni a crescere i miei figli e affrontare le sfide quotidiane della genitorialità, ho realizzato quanto sia importante educare i bambini con amore, pazienza e rispetto reciproco. Ho sperimentato personalmente i benefici di un approccio basato sull'ascolto attivo, sulla comunicazione aperta e sull'empatia, e ho deciso di condividere le mie conoscenze e le mie idee con altri genitori che potrebbero trovarsi nelle stesse situazioni.

Nel corso degli anni, ho studiato e approfondito diverse metodologie educative, ma è stata soprattutto la mia esperienza pratica sul campo a guidare il mio percorso. Attraverso alti e bassi, ho imparato che educare senza urlare non è solo possibile, ma può anche essere estremamente gratificante per genitori e figli.

Con i miei libri, cerco di offrire un approccio pratico e accessibile all'educazione positiva, fornendo consigli reali e strategie efficaci che possono essere facilmente integrate nella vita di tutti i giorni. Sono convinta che anche piccoli cambiamenti nelle nostre abitudini e nelle nostre interazioni con i nostri figli possano fare una grande differenza nel loro sviluppo e nel nostro benessere familiare complessivo. Oltre alla scrittura, amo trascorrere il tempo con la mia famiglia, esplorare la natura e coltivare le mie passioni creative. Spero che i miei libri possano essere di ispirazione e di aiuto per tutti i genitori che desiderano costruire relazioni più forti e amorevoli con i propri figli.

Grazie per aver scelto di condividere questo viaggio con me. Sono entusiasta di continuare a crescere e imparare insieme a voi!

Con affetto,

Barbara Funetta

INDICE

Introduzione

Panoramica sull'importanza dell'educazione senza urlare

Essere pazienti e comprensivi è fondamentale quando si educano i figli. L'educazione al libero arbitrio si concentra sulla creazione di un ambiente domestico positivo in cui la comunicazione efficace e la risoluzione costruttiva dei conflitti sono prioritarie. Questo approccio evita le punizioni verbali o fisiche; al contrario, si basa sull'empatia, sull'ascolto attivo e sulla negoziazione per affrontare i comportamenti e i conflitti indesiderati.

Una pietra miliare dell'educazione hellfree è la disciplina positiva. Il metodo si basa sulla costruzione di un rapporto di fiducia e comprensione reciproca, piuttosto che su un rapporto basato sulla paura e sul controllo. Incoraggia i genitori a stabilire confini chiari e coerenti, coinvolgendo anche i bambini nella definizione delle regole familiari. In questo modo, i bambini capiscono le conseguenze delle loro azioni e imparano ad assumersi le proprie responsabilità.

Inoltre, l'educazione hellfree alimenta l'autonomia e la responsabilità dei bambini, incoraggiando l'indipendenza decisionale e la gestione costruttiva delle emozioni. Questo approccio non solo rafforza il legame genitori figli, ma contribuisce anche allo sviluppo emotivo e sociale dei bambini; li dota della capacità di affrontare le sfide della vita in modo positivo e consapevole. La comunicazione efficace è fondamentale per un'educazione priva di inferno. Si tratta di esprimere apertamente e con rispetto sentimenti e pensieri, nonché di ascoltare attivamente le esigenze e le idee dei bambini. Questo favorisce un ambiente familiare costruito sulla comprensione reciproca e sull'empatia, riduce il rischio di conflitti e promuove una comunicazione aperta e onesta.

"L'educazione senza urla" è un modo premuroso e attento di crescere i figli da parte dei genitori. Si concentra sull'aiutare i bambini a sentirsi compresi e sicuri; l'approccio fornisce agli adulti consigli utili per rispondere con calma ai comportamenti dei bambini. L'obiettivo è costruire una casa serena dove tutti possano crescere in modo sano e positivo. Con gentilezza e saggezza, gli adulti imparano a rispettare i sentimenti dei bambini; guidano i bambini a gestire anche le proprie azioni. Piuttosto che una disciplina severa, questo crea fiducia tra genitori e figli. Strategie semplici come mantenere la calma, stabilire regole chiare e lodare le buone scelte aiutano; i legami familiari si rafforzano ed i conflitti si riducono quando i bisogni vengono soddisfatti. Sia gli adulti che i bambini traggono beneficio da questo ambiente di nutrimento. I più piccoli si sentono apprezzati e crescono in modo corretto.

Gli obiettivi del libro "Educare senza urlare"

Il libro si propone di introdurre i principi fondamentali della disciplina positiva e della comunicazione efficace con i bambini, offrendo una panoramica approfondita di questi concetti e illustrando come possono essere applicati nella vita quotidiana. Un altro obiettivo importante del libro è quello di fornire ai genitori una serie di strategie pratiche per gestire le emozioni proprie e dei propri figli in modo costruttivo, promuovendo la consapevolezza emotiva e il controllo delle reazioni impulsive; si propone altresì di aiutare i genitori a stabilire limiti chiari e coerenti e a gestire i conflitti familiari in modo pacifico e rispettoso, fornendo suggerimenti e linee guida per negoziare e trovare compromessi che soddisfino le esigenze di tutti i membri della famiglia. Punto di arrivo da non escludere è quello di promuovere l'autonomia e la responsabilità nei bambini, incoraggiandoli a prendere decisioni autonome e a partecipare attivamente alla vita familiare, contribuendo così a sviluppare una mentalità di responsabilità e cooperazione. Nella sua essenza ciò che si propone di raggiungere il presente è favorire un'atmosfera familiare serena e accogliente. Promuove relazioni positive e dà priorità al benessere emotivo di ogni membro della famiglia; questo permette ai bambini di crescere e prosperare in modo sano. Tra le idee chiave vi è quella di dedicare del tempo di qualità ai legami. Impegnarsi in una comunicazione aperta e ascoltare attivamente gli altri. Risolvere i conflitti attraverso la comprensione e il compromesso. Celebrare i punti di forza e i risultati unici di ciascuno. Nel complesso, il libro sottolinea la necessità di creare una dinamica familiare armoniosa. In cui ogni individuo si senta valorizzato, compreso e incoraggiato a raggiungere il suo pieno potenziale.

Cosa significa disciplina positiva

Educare i bambini in modo positivo significa creare fiducia e mostrare rispetto. È diverso dai vecchi metodi che usano punizioni o ricompense per controllare i bambini. La disciplina positiva si basa sull'insegnamento, non sull'ordine. Gli adulti devono essere stabili e affidabili, con regole chiare che non cambiano. Il rispetto reciproco è importante, così come i bisogni e i diritti dei bambini quando fanno delle scelte. La **coerenza** è la chiave della disciplina positiva: gli adulti si comportano in modo prevedibile nei confronti dei bambini. I genitori stabiliscono limiti fermi e immutabili, applicati in modo uniforme, senza messaggi contrastanti. Disciplina positiva significa anche che i genitori decidono in modo equo, consapevoli delle prospettive e dei diritti dei bambini. L'affidabilità costante crea sicurezza. La presente evita la forza, saltando punizioni e minacce. Al contrario, i genitori reindirizzano, insegnano e lodano la buona condotta per rafforzarla. Per esempio, se un bambino fa i capricci, bisogna capire il motivo prima di aiutarlo a trovare un modo migliore per gestire i sentimenti in modo appropriato, senza limitarsi a rimproverarlo; bisogna guidare con pazienza senza dover controllare duramente. Nutre la fiducia e la collaborazione attraverso il rispetto. Si basa sull'idea che genitori e figli devono avere un rapporto costruito sulla fiducia e sul rispetto. La comprensione del punto di vista del Bambino è fondamentale; bisogna coinvolgerlo nelle decisioni insegnando lui un buon comportamento attraverso la guida e la direzione. I genitori devono stabilire regole e limiti chiari e farli rispettare in modo uniforme, senza mai contraddirsi o cambiare improvvisamente il modo di reagire. Inoltre, la disciplina positiva incoraggia a fare scelte genitoriali basate sulla comprensione reciproca, considerando i bisogni e i diritti del bambino e rispettandolo come individuo. L'approccio alla disciplina positiva enfatizza anche l'ascolto attivo e l'empatia dei genitori. Si consiglia loro di cercare sinceramente di comprendere il punto di vista del figlio e di farlo sentire ascoltato e apprezzato. Questa comunicazione aperta aiuta i bambini a sentirsi rispettati all'interno della famiglia e promuove discussioni sincere e sentite su problemi o disaccordi. In questo modo non solo si rafforza il legame genitori-figli, ma si insegnano ai bambini le abilità critiche per risolvere i conflitti in modo pacifico. In sostanza, la disciplina positiva alimenta un'educazione in cui la fiducia, la cooperazione e il rispetto reciproco costituiscono le fondamenta della famiglia. Invece di costringere all'obbedienza attraverso controlli punitivi, guida i bambini verso comportamenti positivi attraverso la coerenza, l'insegnamento, l'empatia e il coinvolgimento in decisioni adeguate all'età. In questo modo si coltiva un ambiente domestico armonioso in cui i problemi di disciplina possono essere affrontati in modo costruttivo e il ragionamento morale dei bambini può svilupparsi in modo naturale. L'obiettivo generale è quello di crescere persone **emotivamente intelligenti** e autodisciplinate, preservando la dignità e l'umanità di tutti i membri della famiglia. Educare i bambini nel modo giusto può essere una vera sfida. Ecco perché la disciplina positiva è così importante! Se un bambino si comporta male, i genitori chiedono perché e aiutano a trovare soluzioni insieme. In questo modo, il bambino impara da solo invece di essere rimproverato. I genitori si prendono del tempo per vedere le cose dal punto di vista del bambino, senza esaminare la situazione dal punto di vista dell'adulto. Quando è il caso, coinvolgono i bambini nelle decisioni, facendoli sentire apprezzati e rispettati. Questa comunicazione aperta crea fiducia e onestà all'interno della famiglia. Genitori e figli possono discutere con calma e lavorare come una squadra. Si tratta di creare un ambiente sicuro e positivo in cui i bambini possano condividere apertamente i loro pensieri e sentimenti senza timore. In sostanza, la disciplina positiva alimenta forti legami familiari basati sulla comprensione reciproca e sulla cooperazione. Maggiore è il grado di ascolto rivolto nei confronti dei nostri piccoli, maggiore è la capacità di trovare soluzione ai problemi. Maria Montessori, per esempio capì ben presto l'essenza dei bambini; comprese che per poter rafforzare le capacità di ogni singolo alunno, bisognava predisporre un ambiente a misura del bambino; dovremmo, quindi dialogare con loro come se stessimo parlando con un nostro coetaneo.

Principi fondamentali della disciplina positiva

La disciplina positiva rappresenta un approccio educativo basato su principi fondamentali volti a promuovere comportamenti desiderabili nei bambini senza ricorrere a punizioni o minacce. Questo metodo si basa su una comprensione profonda delle esigenze emotive e dello sviluppo dei bambini, incoraggiando l'empatia, il rispetto reciproco e la cooperazione all'interno della famiglia. La presente si basa su alcuni principi che sono fondamentali per ottenere dei risultati positivi nella relazione genitore-figlio. Analizziamoli insieme:

1. CONNESSIONE PRIMA DELLA CORREZIONE

La connessione prima della correzione è un principio chiave della disciplina positiva che enfatizza l'importanza di stabilire e mantenere un legame emotivo e una relazione positiva con il bambino prima di affrontare eventuali comportamenti scorretti o problematici. prima di intervenire per correggere un comportamento indesiderato, è cruciale stabilire un senso di connessione emotiva e relazionale con il bambino. Questo può includere momenti di ascolto attivo, di comprensione delle emozioni del bambino, di condivisione di momenti piacevoli insieme o semplicemente di dimostrare affetto e interesse per il bambino. è fondamentale perché crea un ambiente in cui il bambino si sente amato, accettato e rispettato. Quando un bambino si sente connesso emotivamente con un adulto, è più incline ad accettare la correzione e a rispondere positivamente agli insegnamenti, perché sa che l'adulto si preoccupa per lui e sta cercando di aiutarlo a crescere e a imparare.

2. COINVOLGIMENTO ATTIVO

Questo è un principio della disciplina positiva che sottolinea l'importanza di coinvolgere attivamente i bambini nel processo decisionale e nell'affrontare le sfide quotidiane. Si tratta di un approccio che promuove l'empowerment dei bambini, incoraggiandoli a partecipare attivamente alla vita familiare, alla risoluzione dei problemi e alla costruzione delle regole e dei limiti. Per poter concretizzare il coinvolgimento attivo, dovremo:

- Invitare i bambini a partecipare alle decisioni che li riguardano, permettendo loro di esprimere le proprie opinioni e preferenze. Questo può includere decisioni su cosa fare durante il tempo libero, cosa mangiare a cena o come organizzare le attività familiari.
- Coinvolgere i bambini nella creazione e nell'applicazione delle regole familiari, permettendo loro di comprendere il motivo per cui esistono determinate regole e incoraggiandoli a rispettarle
- Promuovere la consapevolezza delle conseguenze delle proprie azioni e l'assunzione di responsabilità per il proprio comportamento. Questo può includere l'incoraggiamento dei bambini a riparare ai danni causati o a trovare modi per fare ammenda quando commettono errori.

- Fornire ai bambini l'opportunità di prendere decisioni autonome e di sviluppare un senso di competenza nelle loro capacità. Questo può aiutarli a sviluppare fiducia in se stessi e a acquisire le abilità necessarie per affrontare le sfide della vita.

3. FOCALIZZAZIONE SULLA PERSONA E NON SUL COMPORTAMENTO

Il presente principio pone l'accento sull'importanza di concentrarsi sul comportamento specifico che si vuole incoraggiare o modificare, anziché etichettare o giudicare la persona stessa. Durante un dialogo con il nostro bambino piuttosto che fare generalizzazioni sulla personalità o sul valore intrinseco del bambino, dovremo concentrarci sul comportamento specifico che si vuole affrontare. Ad esempio, anziché dire "Sei cattivo" o "Sei un disastro", si potrebbe dire "Non è appropriato gridare in casa" o "Mi dispiace, ma non possiamo buttare giocattoli in rabbia". È importante distinguere il comportamento da chi è la persona. Etichettare un bambino in base al suo comportamento può avere conseguenze negative sulla sua autostima e sul suo senso di autoefficacia. Invece, incoraggiando il bambino a comprendere che il comportamento può essere modificato e migliorato, si promuove una mentalità di crescita e l'idea che si possa imparare dagli errori. La disciplina positiva si basa sull'idea che gli errori siano opportunità di apprendimento. Invece di criticare o giudicare il bambino per il suo comportamento, si può utilizzare la situazione come un'occasione per insegnare e guidare il bambino verso scelte più appropriate in futuro. Ad esempio, invece di punire un bambino per aver rotto un oggetto, si potrebbe discutere delle conseguenze del suo comportamento e aiutarlo a trovare modi per comportarsi in modo diverso la prossima volta.

4. COSTRUZIONE DI COMPETENZE SOCIALI ED EMOTIVE

La costruzione di competenze sociali ed emotive è un aspetto cruciale della disciplina positiva che mira a sviluppare le abilità necessarie per navigare con successo le relazioni interpersonali, gestire le emozioni in modo sano e costruttivo, e risolvere i conflitti in modo pacifico. Per poter realizzare a pieno questo principio dovremo aiutare i piccoli a praticare alcune abilità, quali:

- L'empatia: Insegnare ai bambini a comprendere e a rispettare i sentimenti degli altri è fondamentale per costruire relazioni positive. La pratica dell'ascolto attivo e del mettersi nei panni degli altri aiuta i bambini a sviluppare l'empatia e a mostrare compassione verso gli altri.

- Comprensione delle emozioni: Aiutare i bambini a riconoscere, comprendere ed esprimere le proprie emozioni in modo sano è essenziale per la loro salute mentale e per la gestione dei conflitti. Attraverso attività come la narrazione delle emozioni, il riconoscimento delle espressioni facciali e la pratica della mindfulness, i bambini possono imparare a identificare e a gestire le proprie emozioni in modo costruttivo.

- Risoluzioni dei conflitti: Incoraggiare i bambini a risolvere i conflitti in modo pacifico c collaborativo è fondamentale per promuovere una cultura del rispetto reciproco e della cooperazione. Insegnare strategie come il dialogo aperto, la ricerca di compromessi e la negoziazione delle soluzioni aiuta i bambini a imparare a gestire i conflitti in modo costruttivo e a mantenere relazioni positive con gli altri.

5. INCORAGGIARE L'AUTONOMIA

Questo principio favorisce lo sviluppo di una forte autostima, un senso di competenza personale e la capacità di prendere decisioni consapevoli. Per poter sviluppare questo concetto dovremo:

- Offrire ai bambini la possibilità di fare scelte autonome in situazioni appropriate li aiuta a sviluppare un senso di controllo sulla propria vita e a rafforzare la fiducia nelle proprie capacità decisionali. Anche se le opzioni fornite possono essere limitate, dare ai bambini la possibilità di scegliere tra diverse alternative promuove un senso di autonomia e responsabilità.
- Assegnare ai bambini compiti e responsabilità appropriate alla loro età e alle loro capacità li aiuta a sviluppare un senso di responsabilità nei confronti della famiglia e della comunità. Questo può includere compiti domestici, responsabilità scolastiche o ruoli di leadership in attività extracurricolari. Dare ai bambini la possibilità di contribuire al benessere della famiglia

o della comunità promuove un senso di appartenenza e di valore personale.

- Insegnare ai bambini a riflettere sulle proprie azioni e a trarre insegnamenti dagli errori è fondamentale per il loro sviluppo personale. Invece di punire o criticare i bambini per gli errori commessi, incoraggiarli a riflettere su cosa hanno imparato dalla situazione e a identificare modi per migliorare il loro comportamento futuro. Questo promuove un approccio positivo all'apprendimento e alla crescita personale.

Piccoli principi funzionali per poter instaurare delle relazioni super funzionali con il nostro bambino.

Benefici dell'applicazione della disciplina positiva

La disciplina positiva è un metodo che incoraggia il buon comportamento dei bambini. Si tratta di capirli e di creare fiducia. Le idee principali sono: avere un legame di cura tra genitori e figli. Ascoltare i loro sentimenti e mostrare empatia. Creare un ambiente positivo in cui i bambini si sentano amati e al sicuro. Permettere ai bambini di fare scelte e decisioni adeguate alla loro età bambini imparano così ad assumersi le proprie responsabilità. Nella pratica l'applicazione della disciplina positiva ci consente di ottenere molteplici benefici, quali:

- **COSTRUZIONE DI RELAZIONI POSITIVE**

Il presente fa riferimento alla capacità di costruire legami familiari basati sulla fiducia reciproca, il rispetto e l'amore.

La comunicazione aperta è fondamentale per costruire relazioni positive. Questo implica la creazione di uno spazio sicuro in cui i membri della famiglia possano esprimere i propri pensieri, sentimenti e bisogni senza paura di giudizio o reprisal. L'ascolto attivo, che coinvolge l'attenzione e l'empatia nei confronti dell'altro, è essenziale per comprendere veramente le esperienze e le prospettive degli altri. Ulteriore costrutto fondamentale è rispetto reciproco; Ciò significa trattare gli altri con gentilezza, cortesia e dignità, riconoscendo e valorizzando le loro opinioni, i loro sentimenti e le loro esperienze. Celebrare le differenze risulta essere altamente funzionale: ogni membro della famiglia è unico, con le proprie qualità, interessi e punti di forza. La costruzione di relazioni positive implica la celebrazione delle differenze e delle individualità di ogni persona, riconoscendo e apprezzando ciò che ognuno porta alla famiglia.

- **SVILUPPO DELL'AUTOSTIMA E DELLA RESILIENZA**

Il concetto incoraggia l'individuazione e la promozione delle capacità e dei punti di forza del bambino, aiutandolo a sviluppare una sana autostima e una maggiore resilienza emotiva. Per poter favorire la nascita dell'autostima dovremo: identificare e incoraggiare le abilità, i talenti e i successi dei bambini. Dovremo affrontare i fallimenti in modo costruttivo; infatti, la disciplina aiuta i bambini a vedere i fallimenti come opportunità di apprendimento anziché come riflessioni sul loro valore personale. Fornire sostegno emotivo e incoraggiamento ai bambini durante i momenti difficili è fondamentale per sviluppare la resilienza. Gli adulti possono offrire comfort, ascolto empatico e incoraggiamento per aiutare i bambini a superare le sfide e a sviluppare una maggiore fiducia nelle proprie capacità di far fronte alle difficoltà.

- **RIDUZIONE DEL CONFLITTO FAMILIARE**

Attraverso la concretizzazione della disciplina positiva potremo creare un ambiente domestico armonioso e rispettoso, dove i membri della famiglia possono comunicare apertamente, risolvere i problemi in modo costruttivo e mantenere relazioni positive; questo significa ascoltare attivamente gli altri, esprimere i propri pensieri e sentimenti in modo chiaro e rispettoso, e cercare di comprendere le prospettive degli altri. Potremo altresì: Imparare a gestire le emozioni in modo sano e costruttivo poiché insegna ai membri della famiglia a riconoscere, accettare e gestire le proprie emozioni e a comunicarle in modo appropriato, anziché reprimere o esplodere in risposte emotive negative.

- MIGLIORAMENTO DEL COMPORTAMENTO

La disciplina positiva può contribuire a migliorare il comportamento dei bambini, incoraggiando comportamenti positivi e riducendo comportamenti indesiderati. Il comportamento tende a modificarsi grazie all'utilizzo del rinforzo positivo per incoraggiare e rafforzare i comportamenti desiderati. Ciò significa riconoscere ed elogiare i bambini quando mostrano comportamenti positivi, come la gentilezza, la condivisione o la cooperazione. Il rinforzo positivo aumenta la probabilità che i comportamenti desiderati si ripetano nel tempo. Strettamente connesso a questo vi è la creazione armoniosa del contesto familiare: il setting è fondamentale per favorire la personalità del nostro bambino.

- MODELLARE IL COMPORTAMENTO POSITIVO

La famiglia è il primo gruppo sociale che conosce il bambino; gli adulti diventano le figure di riferimento; infatti, il carattere del bambino si forma osservando quello dei genitori. Il modo in cui gli adulti affrontano le sfide e gestiscono le emozioni influisce sul modo in cui i bambini apprendono a farlo. Modellare una mentalità ottimistica, la perseveranza e la capacità di adattarsi ai cambiamenti aiuta i bambini a sviluppare queste stesse qualità.

Questi sono solo alcuni dei benefici che la disciplina positiva può apportare durante la costruzione del rapporto genitoriale; ovviamente, questo può essere applicato in ogni contesto in cui ci troviamo a fare i conti con i più piccoli.

Capitolo 2: Comunicazione efficace con i bambini

Importanza della comunicazione nell'educazione

Un'educazione coinvolgente ed efficace si basa su una comunicazione solida, un fondamento che costruisce legami gratificanti tra istruttori, tutori e studenti. La comunicazione non si limita a impartire conoscenze, ma getta le basi per la crescita cognitiva, sociale ed emotiva dei bambini attraverso scambi trasparenti e cortesi. Attraverso un dialogo chiaro e rispettoso, gli insegnanti possono coltivare un ambiente in cui gli alunni si esprimono liberamente, sentendosi ascoltati e compresi, gettando così le basi per un apprendimento profondo e duraturo. Quando genitori e educatori interagiscono con i bambini in modo efficace, possono trasmettere lucidamente saggezza, morale e aspettative, promuovendo la comprensione e l'assimilazione delle informazioni. Questo favorisce un ambiente in cui i bambini possono esprimere i loro pensieri senza riserve, gettando le basi per lo sviluppo di solide competenze linguistiche. Imparano ad articolare sentimenti, riflessioni e idee in modo appropriato. Inoltre, una comunicazione aperta e compassionevole aiuta ad affinare la consapevolezza di sé, l'empatia e il rispetto reciproco per gli altri. La comunicazione in ambito educativo favorisce in modo significativo il benessere emotivo dei bambini; fornisce un rifugio dove possono condividere candidamente ansie e paure, cercando conforto e rassicurazione da parte di adulti e coetanei. Inoltre, il dialogo empatico alimenta la comprensione di sé, la compassione e il rispetto reciproco, dotandoli di competenze vitali per la vita. Promuovendo un'atmosfera di apertura, gli educatori mettono gli studenti in condizione di affrontare le sfide, abbracciare la diversità e sviluppare la resilienza, aprendo la strada a una crescita olistica e al successo per tutta la vita. La comunicazione, dunque svolge un ruolo fondamentale nello sviluppo cognitivo, sociale ed emotivo dei bambini, fornendo loro le basi per un apprendimento significativo e per la costruzione di relazioni positive e soddisfacenti con gli altri. Investire nel miglioramento della comunicazione tra insegnanti, genitori e bambini è fondamentale per garantire un futuro migliore per le nuove generazioni. La comunicazione non è semplicemente un mezzo per trasmettere informazioni, ma è il fondamento su cui si costruiscono le relazioni tra insegnanti, genitori e bambini, e tra gli stessi bambini. Quando genitori e insegnanti comunicano con i bambini in modo efficace, possono trasmettere conoscenze, valori e aspettative in modo chiaro e coerente. Questo favorisce la comprensione e l'assimilazione delle informazioni da parte dei bambini, creando un ambiente educativo in cui possono esprimersi.

Alla base del dialogo con i più piccoli vi è la semplicità: Utilizzare un linguaggio chiaro, semplice e adatto all'età del bambino è essenziale per garantire che comprendano il messaggio. Evitare l'uso di termini complessi o ambigui e fornire istruzioni o spiegazioni in modo conciso e comprensibile. Anche il comportamento non verbale aiuta la formazione di un rapporto fondato sulla fiducia; sguardi e cenni di presenza sono fondamentali per chiarire l'interesse. Dobbiamo essere coscienti che i bambini possono richiedere più tempo per elaborare le informazioni o per esprimere i loro pensieri. Essere pazienti e dare ai bambini il tempo di esprimersi in modo completo e accurato contribuisce a promuovere una comunicazione efficace.

Tecniche di comunicazione efficace

Comunicare in modo efficace è un'abilità cruciale che influisce su tutti gli ambiti della vita, dal lavoro alle relazioni personali. Utilizzando tecniche mirate, possiamo migliorare significativamente la qualità delle nostre interazioni e favorire una più profonda comprensione reciproca. Una tecnica chiave consiste nell'ascoltare attivamente durante le conversazioni. Ciò significa prestare la massima attenzione all'interlocutore, dimostrando interesse attraverso segnali verbali e non verbali come porre domande aperte, mantenere il contatto visivo e adottare una postura aperta e accogliente. Questi comportamenti trasmettono empatia e comprensione, facendo sentire l'altra persona ascoltata e apprezzata. Ulteriore tecnica fondamentale **è esprimere pensieri** in modo diretto; parlare è fondamentale al fine di evitare ambiguità o vaghezza. Utilizzate esempi concreti, analogie e un linguaggio semplice per garantire che i concetti complessi siano facilmente afferrati. Questo approccio riduce al minimo i malintesi e aiuta le idee a risuonare in modo più efficace. Inoltre, è fondamentale mostrare **rispetto** per l'interlocutore. Astenetevi da giudizi, critiche o linguaggio aggressivo. Comunicate invece in modo assertivo, riconoscendo il punto di vista degli altri. Questo favorisce un'atmosfera di fiducia, consentendo a tutte le parti di esprimere liberamente opinioni e preoccupazioni senza temere condanne. Anche gestire i conflitti in modo costruttivo è un potente strumento di comunicazione.

Iniziate identificando i punti di disaccordo e ascoltando attivamente i diversi punti di vista con mente aperta. Quindi, esplorate in modo collaborativo le potenziali soluzioni che rispondono alle esigenze fondamentali di tutte le parti coinvolte. Impegnatevi in una negoziazione ponderata e cercate compromessi ragionevoli. Questo approccio cooperativo trasforma i conflitti in opportunità di crescita, comprensione e rafforzamento delle relazioni. Le tecniche di comunicazione efficace sono strumenti preziosi per migliorare la qualità delle relazioni interpersonali e promuovere una comunicazione più chiara, aperta e rispettosa. Investire nell'apprendimento e nella pratica di queste tecniche può portare a una maggiore comprensione reciproca e alla costruzione di legami più solidi e soddisfacenti con gli altri. Utilizzando strategie mirate, è possibile migliorare la qualità della comunicazione e favorire una comprensione reciproca tra le parti coinvolte. Una delle tecniche principali è **l'ascolto attivo**, che consiste nell'essere pienamente presenti durante una conversazione, mostrando interesse e attenzione nei confronti dell'interlocutore. Questo comporta l'uso di segnali verbali e non verbali che dimostrano comprensione ed empatia, come l'uso di domande aperte, il mantenimento del contatto visivo e l'assunzione di una postura aperta e accogliente. Un'altra tecnica importante **è la chiarezza nell'esprimere i propri pensieri e sentimenti**; questo significa comunicare in modo diretto e trasparente, evitando ambiguità o ambiguità nel linguaggio e facendo uso di esempi concreti o analogie per chiarire concetti complessi. Infine, la capacità di gestire i conflitti in modo costruttivo è una tecnica chiave per una comunicazione efficace. Questo implica l'abilità di identificare le divergenze, ascoltare le diverse prospettive e cercare soluzioni che soddisfino le esigenze di entrambe le parti coinvolte, attraverso la negoziazione e il compromesso. Le tecniche di comunicazione efficace sono strumenti preziosi per migliorare la qualità delle relazioni interpersonali e promuovere una comunicazione più chiara, aperta e rispettosa. Investire nell'apprendimento e nella pratica di queste tecniche può portare a una maggiore comprensione reciproca e alla costruzione di legami più solidi e soddisfacenti con gli altri.

Ascolto attivo ed empatia

L'ascolto attivo e l'empatia sono due componenti fondamentali della comunicazione efficace e della costruzione di relazioni positive. L'ascolto attivo implica non solo l'atto di sentire ciò che viene detto, ma anche di comprendere pienamente il significato e il sentimento dietro le parole dell'interlocutore. Questo comporta l'uso di segnali verbali e non verbali che dimostrano interesse e attenzione, come il mantenimento del contatto visivo, l'inclinazione del corpo verso l'altro e l'uso di espressioni facciali che riflettono comprensione ed interesse. Inoltre, l'ascolto attivo prevede anche la capacità di riformulare le informazioni ricevute, ponendo domande di approfondimento e rispecchiando le emozioni espresse dall'interlocutore, al fine di confermare la comprensione e promuovere una comunicazione più profonda e significativa. L'empatia, d'altra parte, è la capacità di mettersi nei panni dell'altro e comprendere le sue emozioni, sentimenti e prospettive. Questo comporta un'apertura mentale e un interesse genuino per le esperienze e le sensazioni altrui, e la volontà di offrire sostegno e comprensione in momenti di difficoltà o disagio. L'empatia si manifesta attraverso l'ascolto empatico, l'uso di parole rassicuranti e incoraggianti e la condivisione delle proprie esperienze personali quando appropriato; queste sono due abilità essenziali per una comunicazione efficace e per la creazione di relazioni basate sulla fiducia, il rispetto reciproco e la comprensione profonda. Investire nell'apprendimento e nella pratica di queste competenze può portare a una maggiore intimità e connessione nelle relazioni interpersonali e favorire un clima di collaborazione e sostegno reciproco. Per poter coltivare l'empatia dovremo:

-   **Praticare la gratitudine**: Coltiva la gratitudine verso gli altri. Riconoscere e apprezzare ciò che gli altri fanno per te può aiutarti a sviluppare un senso di connessione e compassione.
-   **Studiare le emozioni**: Dedica del tempo a comprendere le emozioni umane e come si manifestano. Leggi libri, partecipa a corsi o segui seminari che trattano argomenti legati all'intelligenza emotiva e all'empatia
-   **Praticare la gentilezza**: Sii gentile e premuroso verso gli altri. Anche piccoli gesti di gentilezza possono avere un impatto significativo sul benessere degli altri e sulla tua capacità di comprendere e condividere i loro sentimenti.
-   Auto-riflessione: Prendi del tempo per riflettere su te stesso e sulle tue interazioni con gli altri. Chiediti come potresti migliorare nel comprendere e rispondere alle esigenze emotive degli altri.

Per poter coltivare l'ascolto attivo dovremo:

-   **Focalizzarci sull'interlocutore**: Concentrati completamente sulla persona che sta parlando. Evita distrazioni come il telefono o altri pensieri che possono interferire con la tua capacità di ascolto.

- **Mantenere il contatto visivo:** Mantieni il contatto visivo con il parlante per dimostrare il tuo interesse e la tua attenzione. Questo mostra al parlante che sei impegnato nella conversazione e interessato a ciò che sta dicendo.
- **Evitare di interrompere**: Aspetta che il parlante finisca il proprio pensiero prima di rispondere. Evita di interrompere o di finire le frasi del parlante.
- Effettua domande chiare: Fai domande che incoraggino il parlante a esprimersi ulteriormente, anziché domande che richiedono solo una risposta sì/no. Questo dimostra interesse e ti aiuta a comprendere meglio il punto di vista dell'altro.

Piccoli suggerimenti per poter coltivare al meglio abilità che ci consentiranno di avere un rapporto sano con il nostro bambino.

Ruolo delle emozioni nell'educazione

Le emozioni svolgono un ruolo fondamentale nell'ambito dell'educazione, influenzando significativamente il processo di apprendimento e lo sviluppo socio emotivo dei bambini. Comprendere l'importanza delle emozioni e imparare a gestirle in modo costruttivo è il primo passo da dover compiere per favorire un ambiente educativo positivo e stimolante. Le emozioni giocano un ruolo chiave anche nel processo di apprendimento, poiché influenzano l'attenzione, la motivazione e la memoria dei bambini. Ad esempio, uno studente che si sente sicuro e apprezzato sarà più incline a partecipare attivamente alla classe e ad assimilare nuove informazioni. Al contrario, se un bambino si sente frustrato o insicuro, può essere meno propenso a impegnarsi nell'apprendimento e ad accettare nuove sfide. Inoltre, le emozioni influenzano la capacità dei bambini di gestire lo stress e risolvere i conflitti in modo costruttivo. I bambini che hanno sviluppato una buona intelligenza emotiva sono in grado di riconoscere e comprendere le proprie emozioni, nonché quelle degli altri, e di adottare strategie appropriate per gestire situazioni difficili o stressanti. Un altro aspetto importante è che le emozioni influenzano il clima emotivo dell'ambiente educativo. Gli insegnanti e i genitori che sono in grado di gestire le proprie emozioni e quelle dei bambini possono creare un clima di fiducia, rispetto e collaborazione, che favorisce il benessere e la crescita socio emotiva dei bambini.

Investire nel riconoscimento, nell'espressione e nella gestione delle emozioni è fondamentale per creare un ambiente educativo positivo e inclusivo, dove i bambini si sentono sicuri, apprezzati e pronti ad affrontare le sfide della vita. Dovremo comprendere l'importanza delle emozioni e imparare a gestirle in modo costruttivo per favorire un ambiente educativo positivo e stimolante. I bambini che sono in grado di sviluppare una buona intelligenza emotiva sono in grado di riconoscere e comprendere le proprie emozioni, nonché quelle degli altri, e di adottare strategie appropriate per gestire situazioni difficili o stressanti.

Strategie per gestire le proprie emozioni

Nel corso della vita, ci troviamo spesso ad affrontare una vasta gamma di emozioni, dalle più positive alle più negative. È di vitale importanza imparare a gestire in modo efficace queste emozioni per mantenere il benessere psicologico e relazionale. Esistono diverse strategie che possono essere adottate per affrontare le emozioni in modo sano e costruttivo. Una delle strategie principali è l'**autoconsapevolezza emotiva,** che consiste nel riconoscere e comprendere le proprie emozioni. Questo implica l'abilità di identificare i segnali fisici e mentali che accompagnano le diverse emozioni, nonché le situazioni o i pensieri che le scatenano. Essere consapevoli delle proprie emozioni permette di affrontarle in modo più efficace e di evitare reazioni impulsive o incontrollate. Un'altra strategia importante è **la regolazione emotiva,** che consiste nel gestire le proprie emozioni in modo appropriato. Questo può includere tecniche di rilassamento come la respirazione profonda o la meditazione, che aiutano a ridurre lo stress e l'ansia. Inoltre, è utile sviluppare abilità di **problem solving** per affrontare le situazioni che provocano stress o frustrazione in modo costruttivo, cercando soluzioni pratiche ai problemi. La comunicazione efficace è anche una strategia chiave per gestire le proprie emozioni. Esprimere apertamente i propri sentimenti e bisogni agli altri può aiutare a ridurre la tensione emotiva e a trovare supporto e comprensione. Inoltre, è importante praticare l'autocura e il sostegno sociale come strategie per gestire le proprie emozioni. Prendersi cura di sé stessi attraverso attività piacevoli e rigenerative può aiutare a ristabilire l'equilibrio emotivo e a mantenere un buon stato di salute mentale. Cercare il sostegno di amici, familiari o professionisti qualificati può essere utile quando si affrontano emozioni difficili o situazioni stressanti. La **respirazione profonda** è una valida alleata per combattere momenti poco piacevoli; dedica alcuni minuti al giorno a praticare esercizi di respirazione profonda per ridurre lo stress e rigenerare la calma. Per evitare che le emozioni prendano il sopravvento, è importante riuscire a tirarle fuori: Trova modi sani per esprimere le tue emozioni, come tenere un diario, parlare con un amico di fiducia o praticare un'attività artistica come la pittura o la scrittura. Anche lo sport può aiutarci a gestire il nostro sentire: L'esercizio fisico regolare può contribuire a ridurre lo stress, migliorare l'umore e aumentare il benessere emotivo. Trova un'attività fisica che ti piace e inseriscila nella tua routine quotidiana.

Aiutare i bambini a gestire le loro emozioni

Aiutare i bambini a gestire le proprie emozioni è un compito cruciale per favorire il loro sviluppo socio emotivo e il benessere complessivo. I bambini possono sperimentare una vasta gamma di emozioni, dalle più positive come la gioia e l'entusiasmo, alle più negative come la tristezza e la rabbia. È importante fornire loro gli strumenti e le risorse necessarie per comprendere, esprimere e regolare le proprie emozioni in modo sano e costruttivo. Una strategia fondamentale è quella **dell'educazione emotiva**, che consiste nell'insegnare ai bambini a riconoscere e identificare le proprie emozioni. Questo può essere fatto attraverso attività ludiche, come la lettura di libri che trattano tematiche emotive, o attraverso discussioni guidate che incoraggiano i bambini a esplorare i loro sentimenti e le loro reazioni emotive in situazioni specifiche. Inoltre, è importante insegnare ai bambini a esprimere le proprie emozioni in modo appropriato. Ciò significa incoraggiarli a comunicare apertamente i loro sentimenti con gli altri, anziché reprimere o negare le proprie emozioni. Gli adulti possono fornire modelli di comunicazione emotiva sana, mostrando empatia e comprensione quando i bambini condividono i loro sentimenti. Un'altra strategia chiave è **quella della regolazione emotiva**, che consiste nell'aiutare i bambini a gestire le loro emozioni in modo appropriato. Ciò può includere l'insegnamento di tecniche di rilassamento come la respirazione profonda o la visualizzazione guidata, che aiutano i bambini a calmarsi quando si sentono stressati o sopraffatti dalle emozioni. Gestire le emozioni è fondamentale per la crescita dei bambini, ma non è un'impresa semplice. Gli adulti devono mostrare pazienza, empatia e mano ferma nel guidare i ragazzi attraverso gli alti e bassi della vita. Fornendo strumenti per comprendere e trasmettere in modo sano i loro sentimenti, si può coltivare l'intelligenza emotiva, dotandoli di strumenti per affrontare le sfide con resilienza e grazia. L'educazione emotiva getta le basi insegnando ai bambini a riconoscere le emozioni. Attività coinvolgenti come la lettura di libri a tema emotivo o la discussione di esperienze personali possono favorire la consapevolezza di sé. Per esempio, "Come ti sei sentito quando il tuo amico ha preso quel giocattolo? Triste, arrabbiato?". Questa guida gentile alimenta l'alfabetizzazione emotiva. Ovviamente, la semplice identificazione dei sentimenti non è sufficiente. I bambini devono imparare a esprimerli correttamente. Fornire sfoghi come l'arte, la musica, la scrittura di un diario o semplicemente ascoltare senza giudicare permette di sfogarsi in modo sano. I genitori potrebbero dire: "Vedo che ti senti frustrato. Perché non disegni o non me ne parli?". Questo modella strategie positive di coping. Regolare le emozioni intense è un altro ostacolo. Respiri profondi, conteggi o la visualizzazione di una scena pacifica possono disinnescare le crisi. I giochi di ruolo offrono ai bambini uno spazio sicuro per provare. "Cosa potresti fare la prossima volta invece di colpire quando sei arrabbiato?". Lodate gli sforzi di autocontrollo. Infine, la resilienza è fondamentale. Le battute d'arresto sono inevitabili, quindi instillare una visione speranzosa e orientata alla soluzione è inestimabile. "Non ha funzionato, ma pensiamo a un altro modo". Inquadrare gli errori come opportunità di apprendimento e celebrare le piccole vittorie aumenta la perseveranza. In sostanza, coltivare la padronanza emotiva comporta un approccio su più fronti. Con energia, creatività e tanto affetto, chi si prende cura di loro, possono formare giovani ben adattati che prosperano tra gli inevitabili stress della vita. Dopo tutto, il mondo avrebbe bisogno di più leader emotivamente intelligenti. Assistere i giovani nella gestione delle emozioni è una responsabilità cruciale. Un aspetto fondamentale è incoraggiare una comunicazione aperta sulle emozioni piuttosto che reprimerle. Gli adulti possono modellare una sana espressione emotiva dimostrando empatia e comprensione quando i bambini condividono i loro sentimenti. Regolando le proprie emozioni in modo costruttivo, i giovani individui possono sviluppare meccanismi di coping cruciali fin dalla più tenera età. Inoltre, instillare la resilienza emotiva fornisce ai bambini la forza di affrontare le sfide in modo costruttivo. Nutrire la perseveranza, l'ottimismo e la capacità di imparare dalle battute d'arresto favorisce la capacità di risolvere i problemi. Incoraggiando soluzioni creative, gli adulti possono guidare i bambini ad accogliere gli ostacoli come opportunità di crescita piuttosto che come barriere insormontabili. Questa mentalità resiliente pone solide basi per l'intelligenza emotiva e la crescita personale. Guidare i bambini attraverso l'intricato regno delle emozioni richiede una pazienza incrollabile, compassione e sostegno da parte di chi si occupa di loro.

Approcci per affrontare i conflitti familiari

Affrontare i conflitti familiari richiede un approccio delicato e rispettoso, finalizzato alla risoluzione pacifica delle divergenze e al mantenimento di relazioni sane all'interno del nucleo familiare. Esistono diversi approcci che possono essere adottati per gestire i conflitti familiari in modo efficace. Uno di questi approcci è la comunicazione aperta e onesta. Creare uno spazio in cui ogni membro della famiglia possa esprimere i propri sentimenti e preoccupazioni senza paura di essere giudicato o ridicolizzato è altamente consigliato. Dovremo ascoltare attivamente gli altri e cercare di comprendere le loro prospettive per trovare soluzioni che soddisfino le esigenze di tutti. Spesso, i conflitti familiari sorgono a causa di differenze di opinioni o desideri contrastanti. Trovare un terreno comune e cercare soluzioni che tengano conto delle esigenze di ciascun membro della famiglia può aiutare a ridurre le tensioni e a promuovere un clima di collaborazione e solidarietà. Stress ed ira sono condizione ben note; dovremo armarci di pazienza e coltivare queste caratteristiche, affinchè il processo educativo ed il rapporto con il nostro bambino dia i risultati sperati. I conflitti familiari possono scatenare emozioni intense come la rabbia o la frustrazione, che possono compromettere il processo di risoluzione dei conflitti. Imparare tecniche di rilassamento come la respirazione profonda o la meditazione può aiutare a mantenere la calma e ad affrontare i conflitti in modo più costruttivo. In casi estremi potremo decidere di coinvolgere un mediatore esterno, soprattutto quando i conflitti familiari diventano complessi o difficili da risolvere. Un mediatore neutrale e imparziale può facilitare la comunicazione tra i membri della famiglia, aiutandoli a esprimere i propri sentimenti in modo chiaro e a trovare soluzioni che rispettino le esigenze di tutti. Risolvere i conflitti familiari richiede dedizione, pazienza e apertura mentale da parte di ogni membro della famiglia. Affrontare i conflitti familiari richiede un approccio sensibile e rispettoso, volto a risolvere pacificamente le differenze e a mantenere relazioni sane all'interno del nucleo familiare. Diversi approcci possono gestire efficacemente i conflitti familiari:

1) **Comprendere la causa del conflitto:** Prima di tutto, è importante capire cosa sta causando il conflitto. Ascolta attentamente tutte le parti coinvolte e cerca di comprendere le loro prospettive e preoccupazioni. Fai domande per chiarire eventuali malintesi.

2) **Mantenere la calma:** facile lasciarsi trasportare dalle emozioni durante un conflitto, ma cercare di mantenere la calma può aiutare a mantenere la situazione sotto controllo. Respira profondamente e fai del tuo meglio per comunicare in modo pacato e rispettoso.

Dopo aver analizzato i momenti iniziali del conflitto potremo agire utilizzando alcune tecniche, quali:

1) **La negoziazione e il compromesso** sono utili quando sorgono conflitti familiari dovuti a opinioni o

desideri diversi. Trovare un terreno comune e soluzioni che tengano conto delle esigenze di ciascun membro della famiglia può ridurre le tensioni e promuovere la cooperazione e la solidarietà.

2) **Le tecniche di gestione delle emozioni**, come gli esercizi di respirazione profonda o le pause durante le discussioni accese, possono evitare che le emozioni aumentino e consentire conversazioni più produttive.

3) **Chiedere la mediazione esterna** di una terza parte neutrale, come un consulente o un mediatore, può fornire una prospettiva imparziale e facilitare una risoluzione efficace dei conflitti quando i membri della famiglia faticano a trovare un terreno comune.

A prescindere dall'approccio, la chiave per risolvere con successo i conflitti familiari sta nel mantenere una mentalità aperta ed empatica. Ogni membro della famiglia deve ascoltare attivamente, riconoscere le diverse prospettive e sforzarsi di trovare soluzioni reciprocamente accettabili. Inoltre, dare la priorità a un regolare tempo di qualità insieme, promuovere linee di comunicazione aperte e incoraggiare il rispetto e la comprensione reciproci può aiutare a prevenire futuri conflitti e a rafforzare i legami all'interno del nucleo familiare. Abbracciando queste strategie, le famiglie possono affrontare i conflitti in modo più costruttivo, coltivando un ambiente di comprensione reciproca, fiducia e unità.

Strategie per la risoluzione pacifica dei conflitti

La risoluzione pacifica dei conflitti è una competenza cruciale per mantenere relazioni sane e costruttive sia nella sfera personale che in quella professionale. In questo capitolo, esploreremo varie strategie raccomandate da esperti e autori accreditati nel campo della gestione dei conflitti. Attraverso citazioni ed esempi, illustreremo l'importanza di queste strategie nella gestione efficace dei contrasti.

Marshall B. Rosenberg, fondatore della Comunicazione Non Violenta, sottolinea l'importanza di una comunicazione empatica e rispettosa per la risoluzione dei conflitti. Egli scrive: Il modo in cui comunichiamo con gli altri determina la qualità della nostra vita.

Esempio: immagina una discussione tra genitori e figli riguardo all'orario per l'uso condiviso della televisione. Piuttosto che urlare o accusarsi reciprocamente, possono utilizzare la comunicazione non violenta per esprimere le loro opinioni in modo rispettoso e trovare un compromesso che soddisfi tutti i membri della famiglia.

William Ury, autore di "Sì, come negoziare anche quando si ha poco o nulla da offrire", enfatizza l'importanza della negoziazione collaborativa nelle dinamiche familiari. Egli afferma: Le famiglie sono minisocietà. La negoziazione è la chiave per trovare soluzioni.

Esempio: immagina una famiglia che deve decidere dove trascorrere le vacanze estive. Invece di imporre una decisione unilaterale, i membri della famiglia possono negoziare insieme, prendendo in considerazione le preferenze di ognuno e trovando una soluzione che soddisfi le esigenze di tutti.

Daniel Goleman, esperto di intelligenza emotiva, evidenzia l'importanza di gestire le emozioni durante i conflitti familiari. Scrive: nelle famiglie è importante imparare a gestire le emozioni per evitare che i conflitti diventano distruttivi"

Esempio: Immagina una discussione animata tra fratelli riguardo alla condivisione di uno spazio comune. Invece di lasciare che la rabbia prenda il sopravvento, i fratelli possono praticare l'intelligenza emotiva, esprimere i loro sentimenti in modo costruttivo e lavorare insieme per trovare una soluzione che tenga conto delle esigenze di entrambi.

Alcune delle strategie per la risoluzione dei conflitti che potremo adoperare con i bambini:

- **Promuovere l'empatia attraverso la narrativa:** le storie possono essere potenti strumenti per promuovere l'empatia e la comprensione reciproca tra genitori e figli. Prendi spunto da autori come Daniel J. Siegel e Mary Hartzell, autori di "Parenting from the Inside Out", che sottolineano l'importanza di raccontare storie che riflettano le esperienze emotive e i punti di vista di entrambi. Questo può aiutare genitori e figli a comprendere meglio i sentimenti dell'altro e a costruire legami più profondi.

- **Coltivare mentalità di apprendimento:** Carol Dweck, autrice di "Mindset: The New Psychology of Success", promuove l'importanza di una mentalità di apprendimento nel rapporto genitore-figlio. Invece di concentrarsi sulle critiche o sui giudizi, genitori e figli possono vedere gli errori come opportunità di crescita e di apprendimento. Questo approccio favorisce un clima familiare basato sulla fiducia e sulla ricerca del progresso personale.

- **Creare un ambiente di supporto:** Daniel J. Siegel e Tina Payne Bryson, autori di "The Whole-Brain Child", sottolineano l'importanza di creare un ambiente familiare che favorisca il supporto reciproco e la resilienza. Questo significa incoraggiare una cultura familiare basata sull'apertura, sull'accettazione e sull'amore incondizionato. I genitori possono essere modelli di sostegno e incoraggiamento, aiutando i figli a sviluppare una sana autostima e fiducia in sé stessi.

- **Promuovere l'autonomia responsabile:** Gli autori Richard Weissbourd e Anne Colby, nel loro libro "The Parents We Mean to Be", parlano dell'importanza di promuovere l'autonomia responsabile nei figli. Questo significa concedere ai figli spazio e libertà per esplorare e imparare dall'esperienza, mentre si forniscono loro le guide e il supporto necessari per prendere decisioni consapevoli e responsabili.

Imparare a negoziare e trovare compromessi

Imparare a negoziare e trovare compromessi è un'abilità che tutti i genitori dovrebbero coltivare; questa risulta essere fondamentale per affrontare le sfide e risolvere i conflitti in modo efficace e costruttivo. La capacità di negoziare consente di raggiungere accordi soddisfacenti per tutte le parti coinvolte, promuovendo relazioni positive e collaborazioni efficaci. Una delle prime fasi nel processo di negoziazione è la preparazione; questo implica la raccolta di informazioni pertinenti, la definizione degli obiettivi desiderati e la valutazione delle alternative disponibili. Una preparazione accurata aumenta le possibilità di ottenere un risultato positivo durante la negoziazione. Durante la negoziazione, è importante mantenere un atteggiamento aperto e flessibile. Ascoltare attivamente l'altra parte e cercare di comprendere le sue esigenze e preoccupazioni può aiutare a creare un clima di fiducia e collaborazione. Inoltre, esprimere chiaramente i propri interessi e obiettivi contribuisce a guidare la discussione verso una soluzione che sia vantaggiosa per entrambe le parti. Un elemento chiave della negoziazione è la capacità di trovare compromessi ciò significa essere disposti a cedere su alcuni punti pur di raggiungere un accordo equo e soddisfacente per entrambe le parti. Trovare un equilibrio tra il perseguimento dei propri interessi e il rispetto delle esigenze dell'altra parte è essenziale per una negoziazione efficace.

Durante il processo di negoziazione, è importante mantenere un approccio costruttivo e concentrarsi sul trovare soluzioni invece che alimentare conflitti. Cercare di comprendere i motivi e le preoccupazioni dell'altra parte può aiutare a identificare soluzioni creative e innovative che soddisfino entrambe le parti. Infine, una volta raggiunto un accordo, è importante formalizzare i termini concordati per evitare fraintendimenti futuri. Scrivere un accordo scritto che delinei chiaramente le responsabilità e gli impegni di ciascuna parte può contribuire a garantire il rispetto degli accordi presi e a prevenire futuri conflitti. Imparare a negoziare e trovare compromessi è una competenza chiave per affrontare le sfide e risolvere i conflitti in modo efficace e costruttivo. Mantenere un atteggiamento aperto, essere disposti a trovare compromessi e concentrarsi sul trovare soluzioni sono elementi essenziali per una negoziazione di successo. Un elemento cruciale che spesso accompagna la negoziazione **è la gestione delle emozioni**. Durante il processo di trattativa, possono emergere sentimenti di frustrazione, ansia o irritazione, che potrebbero compromettere la capacità di ragionamento e decisione delle parti coinvolte; pertanto, è essenziale praticare l'autocontrollo emotivo e mantenere la calma anche nelle situazioni più stressanti. Respirare profondamente, prendersi un momento per riflettere e focalizzarsi sugli obiettivi a lungo termine può aiutare a mantenere la chiarezza mentale e a gestire le emozioni in modo costruttivo. E' altamente consigliato evitare tattiche manipolative o scorrette durante la negoziazione.

La fiducia si configura come un elemento chiave; poiché comportamenti ingannevoli o sleali possono compromettere irrimediabilmente la relazione tra le parti. Trasparenza e l'integrità durante la trattativa sono costrutti onnipresenti se si vuole costruire una base solida per accordi futuri e per mantenere relazioni di lunga durata. È importante essere consapevoli delle alternative disponibili nel caso in cui la negoziazione non porti ai risultati desiderati; avere un piano B può ridurre la pressione e l'ansia durante la trattativa, offrendo una via d'uscita nel caso in cui non si raggiunga un accordo soddisfacente. Con una preparazione adeguata e un impegno verso la cooperazione e il rispetto reciproco, è possibile raggiungere accordi soddisfacenti che promuovano relazioni positive e risultati vantaggiosi per tutte le parti coinvolte.

Importanza di limiti chiari e coerenti

Quando si tratta di organizzazione e pianificazione, stabilire limiti ben definiti è di fondamentale importanza. I limiti fungono da linee guida entro le quali le attività e le decisioni possono essere condotte in modo sicuro ed efficiente. Senza limiti chiari, il rischio è quello di creare incertezza e confusione, il che potrebbe avere un impatto negativo sull'efficienza e la produttività dell'intero processo organizzativo. Per poter delineare delle regole che assicurino il successo all'interno del rapporto genitore- figlio, dovremo seguire le seguenti istruzioni:

- Assicurati che i limiti e le regole siano chiari e comprensibili per i bambini. Evita ambiguità o cambiamenti improvvisi nelle regole, poiché ciò può causare confusione e frustrazione. La coerenza nel far rispettare le regole è fondamentale per stabilire una routine familiare stabile e prevedibile.
- Coinvolgi i bambini nella definizione delle regole, soprattutto quelli più grandi. Chiedi loro quali regole ritengono importanti e perché. Quando i bambini partecipano al processo decisionale, sono più propensi a rispettare le regole perché si sentono coinvolti nel processo.
- Spiega ai bambini il motivo delle regole in modo chiaro e ragionevole. Ad esempio, invece di dire "Devi andare a letto presto perché lo dico io", spiega che il sonno è importante per la salute e il benessere e che

andare a letto presto aiuta a essere più concentrati e felici durante il giorno.

- Definisci le convenzioni di comportamento accettabile in determinate situazioni. Ad esempio, puoi spiegare che è importante ascoltare gli altri durante una conversazione e aspettare il proprio turno per parlare. Questo aiuta i bambini a sviluppare abilità sociali e di comunicazione essenziali.

- Assicurati che ci siano conseguenze chiare e consistenti quando le regole vengono violate. Ad esempio, se c'è una regola che proibisce di giocare con la palla in casa e un bambino la infrange, la conseguenza potrebbe essere la confisca della palla per un certo periodo di tempo. La consistenza nelle conseguenze aiuta i bambini a comprendere che ci sono delle conseguenze per le loro azioni e li incoraggia a rispettare le regole.

- Riconosci e premia i bambini quando rispettano le regole e si comportano in modo appropriato. Questo li incoraggia a continuare a seguire le regole e rafforza un comportamento positivo. Ad esempio, puoi elogiare un bambino per aver condiviso i suoi giocattoli con un amico o per aver aiutato in casa senza essere chiesto.

- I genitori devono essere modelli di comportamento positivo per i loro figli. Rispettare le regole stesse che si impongono ai bambini è essenziale per insegnare loro l'importanza del rispetto delle regole e delle norme. Se i bambini vedono i genitori rispettare le regole, saranno più inclini a farlo anche loro.

- ii flessibile quando necessario. Le regole devono essere adattabili in base alle esigenze e alle circostanze specifiche. Mostra empatia e comprensione quando i bambini hanno difficoltà a rispettare le regole e cerca insieme a loro soluzioni che possano essere accettabili per entrambi.

Come stabilire regole efficaci

Alla base di una crescita sana e armoniosa vi è sicuramente l'impartizione di regole; queste fungono da guida, definendo chiaramente ciò che è accettabile e ciò che non lo è. I presenti facilitano la convivenza e la cooperazione tra le persone, permettendo a tutti di comprendere le aspettative e i comportamenti appropriati. Per essere efficaci, le "norme" devono essere espresse in modo semplice e comprensibile, evitando ambiguità o fraintendimenti. È essenziale che siano definite chiaramente le azioni consentite e quelle vietate, in modo da prevenire confusione o controversie; i limiti definiti eliminano ogni dubbio su ciò che è permesso e ciò che non lo è. Oltre ad essere chiare, devono essere realistiche e ragionevoli; devono tenere conto delle capacità e delle esigenze delle persone coinvolte, evitando di imporre standard irraggiungibili o eccessivamente restrittivi. Regole troppo rigide o irrealistiche rischiano di essere violate o di causare frustrazione e risentimento. È fondamentale che siano stabilite in modo equilibrato, tenendo conto delle circostanze e delle limitazioni pratiche delle persone ed essere valide per tutti i membri del gruppo, senza discriminazioni nel tempo e senza cambiamenti arbitrari o improvvisi. Questa coerenza è essenziale per garantire un senso di giustizia e imparzialità. Un elemento chiave nel processo di stabilire regole efficaci **è il coinvolgimento delle persone interessate**; quando le persone partecipano attivamente alla definizione delle regole, sono più propense a rispettarle e a contribuire al mantenimento dell'ordine e della disciplina. Il coinvolgimento promuove un senso di appartenenza e responsabilità condivisa. Queste norme devono essere chiare, realistiche ed applicate in modo equo a tutti. È inoltre cruciale comunicarle costantemente e in modo comprensibile a tutte le parti coinvolte, utilizzando strumenti di comunicazione efficaci come riunioni, comunicati stampa o cartelloni informativi. Una comunicazione limpida e coerente assicura che tutti conoscano le regole e le relative conseguenze in caso di inosservanza. Bisogna renderle note a tutti i soggetti interessati attraverso canali comunicativi chiari e costanti. Seguendo questi principi, si favorisce il rispetto delle regole e si contribuisce al benessere e alla pacifica convivenza all'interno di una comunità o gruppo. Sebbene sia necessario avere norme chiare e ben definite, è altrettanto fondamentale essere disposti a riesaminarle e modificarle quando necessario. Le regole che risultano obsolete o inadeguate devono essere aggiornate per riflettere al meglio le necessità attuali e le situazioni in continua evoluzione. Queste devono essere supportate da una base razionale e coerente con i principi etici e morali condivisi da tutti. Quando le persone comprendono le motivazioni alla base di una regola e ne riconoscono il valore per il bene comune, saranno più inclini a rispettarla volontariamente e con convinzione.

È importante educare i bambini sulle ragioni e sulle implicazioni delle regole stabilite. Spiegare le logiche sottostanti può contribuire a promuovere la comprensione e l'accettazione delle norme, evitando che vengano percepite come imposizioni arbitrarie.

Le basi su cui si fonda l'educazione devono essere sostenute da una giustificazione ragionevole, fondata su principi etici e morali condivisi dalla comunità. Quando le persone comprendono le motivazioni alla base di una norma e ne riconoscono il valore per il bene collettivo, saranno più propense a rispettate; se le norme vengono devono esserci conseguenze proporzionate e applicate in modo equo, queste dovrebbero mirare a educare e incoraggiare un cambiamento di comportamento, piuttosto che punire. Le conseguenze dovrebbero aiutare i piccoli a capire perché le regole sono importanti e come seguirle in futuro.

Conseguenze adeguate e proporzionate

Avere delle regole chiare e delle conseguenze adeguate è di vitale importanza poiché permette la promozione di comportamenti positivi e responsabili. Quando le conseguenze sono ben definite e applicate in modo coerente, aiutano a stabilire linee guida chiare sul comportamento e a creare un ambiente di rispetto e responsabilità reciproca. Le conseguenze forniscono un feedback immediato sul comportamento di una persona. Se un'azione è positiva, la conseguenza positiva che ne deriva rafforza quel comportamento desiderabile. D'altra parte, se il comportamento è inappropriato, la conseguenza negativa aiuta a correggere l'azione indesiderata; queste devono essere proporzionate alla gravità del comportamento. Questo significa che la punizione o il premio dovrebbero essere commisurati alla natura e alla serietà dell'azione compiuta. In questo modo, si evitano conseguenze eccessive o sproporzionate rispetto alla situazione, che potrebbero essere controproducenti o addirittura dannose. Inoltre, le presenti devono essere applicate in modo coerente e equo verso tutti; infatti, tutte le persone coinvolte devono essere soggette alle stesse regole e alle stesse conseguenze per comportamenti simili. L'incoerenza nell'applicazione delle conseguenze può portare a confusione, risentimento e mancanza di fiducia nel sistema.

La ripercussioni dovrebbero avere uno scopo educativo, piuttosto che essere semplicemente punitive. Oltre a punire un comportamento inappropriato, dovrebbero offrire opportunità di apprendimento e crescita personale. Ad esempio, una conseguenza educativa potrebbe richiedere di riflettere sulle proprie azioni, fare ammenda o partecipare ad attività volte a promuovere la comprensione e la responsabilità. In questo modo, le ripercussioni non solo correggono il comportamento indesiderato, ma aiutano anche le persone a sviluppare una maggiore consapevolezza di sé, empatia e capacità di prendere decisioni responsabili in futuro. Nel mondo dei bambini i principi sono i medesimi:

Quando un bambino viola una regola, è importante che le conseguenze siano adeguate all'età e alla situazione specifica. Le conseguenze dovrebbero essere finalizzate a insegnare al bambino una lezione, incoraggiare il comportamento positivo e favorire la responsabilità personale. Ecco alcuni esempi di conseguenze adeguate al bambino. **Il time-out è** una strategia comune utilizzata per insegnare ai bambini il controllo degli impulsi e il rispetto delle regole. Quando un bambino si comporta in modo inappropriato o viola una regola, può essere messo in un luogo tranquillo per un breve periodo di tempo (ad esempio, uno o due minuti per ogni anno di età). Durante il time-out, il bambino non può interagire con gli altri o partecipare a attività divertenti. Questo aiuta il bambino a riflettere sul suo comportamento e a calmarsi. Quando si viola una regola, può essere appropriato privarlo di un privilegio per un certo periodo di tempo. Ad esempio, se un bambino non rispetta l'ora di andare a letto, potrebbe perdere il privilegio di guardare la televisione o di giocare con i videogiochi per una serata. Questo aiuta il bambino a capire che c'è una conseguenza per le sue azioni e incoraggia il rispetto delle regole. Se il comportamento del bambino ha causato danni materiali o emotivi, può essere importante che partecipi attivamente alla loro riparazione. Ad esempio, se il piccolo rompe un giocattolo di un amico, potrebbe essere incoraggiato a chiedere scusa e a offrire una soluzione per riparare il giocattolo o sostituirlo con uno nuovo. Questo lo aiuta a comprendere l'importanza di assumersi la responsabilità delle proprie azioni e a sviluppare empatia verso gli altri. Una conseguenza adeguata potrebbe anche implicare un'azione volta a riparare il comportamento inappropriato. Ad esempio, se un bambino ha interrotto una conversazione, potrebbe essere incoraggiato a chiedere scusa e a chiedere il permesso prima di parlare in futuro. Questo è importante perché gli consente di imparare nuove abilità sociali e a comprendere l'importanza del rispetto degli altri. Dopo che il piccolo ha ricevuto una conseguenza, è importante discutere con lui il motivo per cui è stata necessaria e cosa può imparare dalla situazione. Questo incoraggia il pensiero critico e a comprendere le conseguenze delle proprie azioni.

Favorire lo sviluppo dell'autonomia nei bambini

Il mondo dei bambini è fantastico quanto complesso; per poter esplorare ogni parte e poter apprendere in modo decisivo dalle esperienze dovremo lasciarli liberi. Diventare autonomi permette loro di acquisire fiducia in sé stessi, imparare a prendere decisioni e assumersi la responsabilità delle proprie azioni. I genitori e gli educatori dovrebbero incoraggiare l'indipendenza dei bambini fin dalla tenera età.

Una strategia chiave per promuovere l'autonomia è offrire ai bambini opportunità di scelta e decisione appropriate per la loro età e fase di sviluppo. Ad esempio, permettere loro di scegliere cosa indossare o quale attività svolgere durante il tempo libero. Questo li aiuta a sviluppare un senso di controllo sulla propria vita e li prepara a prendere decisioni più importanti in futuro.

Inoltre, è essenziale fornire ai bambini le risorse e il sostegno necessari per affrontare sfide e risolvere problemi in modo indipendente. Questo può comprendere insegnare loro abilità pratiche come l'organizzazione, la gestione del tempo e la risoluzione dei problemi. Allo stesso tempo, è importante guidarli e incoraggiarli mentre affrontano nuove sfide, in modo che possano imparare dai propri errori e sviluppare la resilienza. Dovremo incoraggiare l'esplorazione e la sperimentazione; consentire ai bambini di esplorare nuove attività, interessi e passioni li aiuta a scoprire le proprie capacità e interessi personali. Questo li porta a sviluppare un senso di identità e di autostima, essenziali per la loro crescita emotiva e psicologica. I bambini dovrebbero sentirsi liberi di provare cose nuove senza paura di essere giudicati. E' fondamentale dare ai bambini la possibilità di assumersi la responsabilità delle proprie azioni e di affrontarne le conseguenze naturali e logiche. Questo li aiuta a comprendere il concetto di responsabilità e a sviluppare un senso di accountability. Insegnare loro strategie efficaci per affrontare lo stress, la frustrazione e l'ansia li prepara ad esprimere i propri sentimenti in modo appropriato. Quando i bambini imparano ad accettare e regolare le emozioni intense, crescono in sicurezza e fiducia. Questi approcci aiutano i più piccoli a diventare individui sicuri di sé, capaci di affrontare le sfide della vita con resilienza e fiducia nelle proprie capacità. Fin dai primi anni di vita, è essenziale creare un ambiente che favorisca l'autonomia dei bambini. Gli adulti, sia a casa che a scuola, svolgono un ruolo fondamentale nel fornire un contesto di supporto per lo sviluppo di questa importante competenza. Trovare l'equilibrio giusto tra fornire guida e incoraggiamento e permettere ai bambini di affrontare sfide in autonomia è un'arte che richiede sensibilità e attenzione costante.

Non soffocando l'autonomia con un eccesso di controllo, ma evitando anche di abbandonare completamente i bambini alle loro risorse, gli adulti possono guidarli in modo efficace. Un approccio bilanciato è essenziale: offrire supporto e risorse, ma anche la libertà di esplorare, sperimentare e imparare dai propri errori. In questo modo, i bambini sviluppano gradualmente la fiducia nelle proprie capacità di risolvere problemi e superare ostacoli.

È altrettanto importante incoraggiare perseveranza e resilienza fin dalla tenera età. Affrontare sfide e superare ostacoli può essere difficile per i bambini, ma è proprio attraverso queste esperienze che imparano a non arrendersi di fronte alle difficoltà. Gli adulti possono svolgere un ruolo cruciale, offrendo incoraggiamento e supporto senza risolvere i problemi al loro posto.

Un aspetto cruciale da prendere in considerazione nell'educazione dei bambini è insegnare loro e prendersi cura di sé stessi. Questo comporta promuovere l'indipendenza nelle attività quotidiane come vestirsi, lavarsi, prepararsi i pasti, ma anche evidenziare l'importanza di uno stile di vita sano. Incoraggiare abitudini salutari come fare regolare esercizio fisico, mangiare cibi nutrienti ed avere un adeguato riposo notturno è fondamentale per il loro sviluppo armonioso.

Inoltre, è essenziale coltivare nei bambini la capacità di riflettere su sé stessi e sulle proprie azioni. Guidarli a comprendere le motivazioni che li spingono a prendere certe decisioni, e le conseguenze che queste comportano, contribuisce a sviluppare una maggiore consapevolezza di sé. Questo processo di autoriflessione li aiuta a maturare e a crescere come individui responsabili, in grado di prendere decisioni ponderate.

Proseguendo su questo tema fondamentale, è importante approfondire ulteriormente come coinvolgere attivamente i bambini nelle decisioni familiari possa avere numerosi benefici tangibili e intangibili per tutta la famiglia. Questa partecipazione attiva può avere un impatto profondo e duraturo sulla crescita e sulla formazione dei bambini, nonché sulla coesione e l'armonia della famiglia nel suo complesso.

Uno dei principali vantaggi di coinvolgere i bambini nelle decisioni familiari è la promozione dello sviluppo dell'autostima. Quando i bambini si sentono ascoltati e le loro opinioni vengono prese in considerazione, acquisiscono fiducia nelle proprie capacità e si sentono valorizzati all'interno del contesto familiare. Questo prendere decisioni in famiglia è un'attività che coinvolge tutti i membri, compresi i bambini. Consentire ai più piccoli di fornire il proprio contributo offre numerosi benefici per la loro crescita e per la coesione familiare. In primo luogo, partecipare al processo decisionale aiuta i bambini a sviluppare un senso di responsabilità verso la famiglia e le proprie azioni. Essi imparano che le loro scelte influenzano il benessere dell'intera unità familiare, incoraggiandoli così a comportarsi in modo più consapevole e responsabile.

Tutti i membri della famiglia, indipendentemente dall'età, hanno l'opportunità di esprimere le proprie opinioni, favorendo un clima di rispetto reciproco e uguaglianza. Questo approccio collaborativo contribuisce a creare un'atmosfera familiare più armoniosa e cooperativa, poiché ogni voce viene ascoltata e presa in considerazione.

È fondamentale parlare e discutere dei valori utilizzando il confronto e la discussione delle diverse prospettive all'interno della famiglia; in questo modo i più piccoli imparano la tolleranza, la solidarietà e il rispetto per le opinioni altrui. Essi comprendono l'importanza della diversità e sviluppano la capacità di apprezzare punti di vista differenti dal proprio. Questo processo di apprendimento contribuisce alla loro crescita personale e alla formazione di cittadini responsabili e consapevoli. Questo approccio non solo rafforza il legame familiare, ma offre ai bambini un'opportunità unica di imparare preziose lezioni di vita.

Coinvolgere i bambini nelle decisioni familiari

Quando i genitori prendono decisioni importanti per la famiglia, dovrebbero includere in modo automatico i propri figli, poiché contrariamente a ciò che si pensa i nostri piccoli percepiscono ed assorbono tutte le influenze esterne. Questo processo di inclusione promuove lo sviluppo di una serie di abilità preziose nei bambini, oltre a rafforzare i legami familiari e creare un ambiente domestico più positivo e collaborativo.

Innanzitutto, permettere ai bambini di partecipare alle decisioni familiari li aiuta a sviluppare un forte senso di responsabilità e autonomia. Si sentono valorizzati e importanti all'interno del nucleo familiare. Questo coinvolgimento, inoltre, rafforza il legame tra genitori e figli, creando un clima di fiducia, rispetto reciproco e comunicazione aperta.

Sollecitare i bambini nelle decisioni li aiuta ad acquisire preziose abilità di problem solving e decision making. Attraverso discussioni e confronti sulle diverse opzioni, i bambini imparano a valutare situazioni complesse, esprimere le proprie opinioni in modo costruttivo e prendere decisioni consapevoli. Questo processo di apprendimento esperienziale è fondamentale per il loro sviluppo cognitivo e sociale.

Un altro aspetto cruciale è che il coinvolgimento nelle decisioni familiari offre ai bambini l'opportunità di imparare dalle proprie azioni e di assumersi la responsabilità delle conseguenze delle loro scelte. Quando le loro opinioni vengono prese in considerazione e rispettate, i bambini comprendono l'impatto delle loro decisioni sul benessere della famiglia e imparano a contribuire attivamente alla sua armonia.

Coinvolgere i bambini nelle decisioni familiari non significa semplicemente seguire ciecamente le loro richieste. Piuttosto, si tratta di un processo di dialogo e negoziazione, in cui i genitori guidano i figli nella comprensione delle diverse prospettive e nell'individuazione di soluzioni equilibrate che tengano conto delle esigenze di tutti i membri della famiglia.

Quando tutta la famiglia è coinvolta nelle decisioni importanti, si crea un legame più forte e durevole tra i suoi membri. Questo processo di coinvolgimento promuove un senso di unità e collaborazione all'interno della famiglia, rafforzando i legami affettivi e favorendo la coesione familiare nel lungo periodo. Poiché tutti lavorano insieme verso un obiettivo comune, si sente un senso di appartenenza e connessione più profondo.

Esplorare ulteriormente i benefici tangibili e intangibili di coinvolgere i bambini nelle decisioni familiari può portare a una comprensione più profonda di questo importante argomento. Un vantaggio significativo è lo sviluppo di un'autostima sana nei bambini. Quando si sentono ascoltati e le loro opinioni vengono prese in considerazione, i bambini acquisiscono fiducia nelle proprie capacità e si sentono valorizzati all'interno del contesto familiare. Questo senso di appartenenza e importanza contribuisce alla formazione di un'autostima positiva, fondamentale per il loro benessere psicologico e la loro crescita emotiva. Vuoi elaborare dei modi per rendere partecipe il tuo piccolo? Ti elenco una serie azioni da poter compiere:

- Organizza una riunione familiare una volta alla settimana, durante la quale discutere delle decisioni importanti o delle attività future. Ogni membro della famiglia può avere l'opportunità di esprimere le proprie opinioni e suggerimenti.
- Crea una lista delle attività familiari o delle cose da fare durante la settimana e chiedi ai bambini di contribuire aggiungendo le loro idee. Questo li farà sentire coinvolti nel processo decisionale.
- Utilizza schede o fogli su cui scrivere le opzioni per una decisione e lascia che i bambini votino per la loro preferenza. Ad esempio, potresti chiedere loro di votare su quale film guardare la prossima sera o quale luogo visitare durante le vacanze.
- Assegna ai bambini un piccolo budget per il tempo libero e permettigli di decidere come spenderlo. Potrebbero scegliere di risparmiare per un'uscita speciale o per un oggetto desiderato, oppure di utilizzarlo per attività ricreative.
- Coinvolgi i bambini nel processo di stabilire regole e limiti familiari. Ad esempio, potresti chiedere loro di contribuire alla creazione di regole per l'uso dei dispositivi elettronici o per il comportamento a tavola.

Insegnare la responsabilità e l'autocontrollo

Insegnare ai bambini a essere responsabili e a controllare sé stessi è una parte essenziale del loro sviluppo personale e sociale. Queste competenze li aiuteranno a diventare persone mature, autonome e in grado di gestire le proprie emozioni e comportamenti in modo positivo durante tutta la vita.

Un modo eccellente per insegnare la responsabilità ai bambini è assegnare loro compiti adeguati alla loro età ed abilità. Ad esempio, puoi chiedere loro di mettere via i giocattoli dopo averli usati, sparecchiare la tavola dopo i pasti o aiutare con semplici faccende domestiche. Svolgere queste attività li aiuterà a capire l'importanza di contribuire al benessere della famiglia e svilupperà un senso di responsabilità verso gli altri. Inoltre, quando i bambini vedono gli adulti completare i propri compiti e doveri in modo responsabile, imparano a modellare il loro comportamento di conseguenza.

E' utile consentire ai bambini di assumersi la responsabilità delle proprie azioni e decisioni. Questo significa incoraggiarli a prendere decisioni autonome e ad affrontare le conseguenze delle loro scelte. Ad esempio, se un bambino dimentica di fare i compiti, invece di proteggerlo dalle conseguenze, è importante che ne affronti le conseguenze naturali, come ricevere un voto basso o dover completare il lavoro durante il tempo libero.

Questa esperienza insegnerà loro l'importanza di essere responsabili e di seguire attraverso con i propri impegni.

Gli adulti giocano un ruolo cruciale nell'insegnare la responsabilità ai bambini attraverso il proprio comportamento esemplare, poiché questi osservano attentamente le azioni degli adulti intorno a loro e modellano il proprio comportamento di conseguenza. Pertanto, è fondamentale che gli adulti dimostrino responsabilità e autocontrollo nelle loro azioni e decisioni quotidiane, offrendo così un esempio positivo per i bambini da seguire. Oltre alla responsabilità, è altrettanto costruttivo insegnare ai bambini l'autocontrollo, ovvero la capacità di gestire le proprie emozioni e comportamenti in modo appropriato. Ciò può essere fatto insegnando loro strategie di gestione dello stress come la respirazione profonda, il conteggio fino a dieci o tecniche di rilassamento. Potremo insegnare ai bambini abilità di risoluzione dei problemi per affrontare situazioni difficili o stressanti in modo costruttivo.

Dedicare attenzione a tema della responsabilità e dell'autocontrollo è essenziale per il loro sviluppo complessivo. Quando i genitori offrono compiti e responsabilità appropriate ai loro figli, li incoraggiano ad assumersi la responsabilità delle proprie azioni, fungono da modelli positivi e insegnano strategie per gestire le emozioni, aiutano i bambini a diventare individui responsabili, indipendenti e capaci di affrontare le sfide della vita con sicurezza e resilienza.

Quando i bambini imparano a essere responsabili e ad avere autocontrollo, acquisiscono abilità preziose che li aiuteranno a diventare adulti di successo e felici.

Un passo cruciale per insegnare la responsabilità ai bambini è fornire loro feedback positivi e incoraggiamenti quando si comportano in modo responsabile. Quando i genitori riconoscono e lodano gli sforzi e i successi dei loro figli, li motivano a perseverare nel comportamento responsabile e rafforzano la loro fiducia nelle proprie capacità. I bambini si sentono valorizzati e apprezzati, il che li spinge a continuare a impegnarsi e a dare il massimo nelle loro responsabilità.

Inoltre, coinvolgere attivamente i bambini nel processo decisionale riguardante le responsabilità e i compiti assegnati è cruciale. Quando i genitori permettono ai loro figli di partecipare alla pianificazione e alla gestione delle attività quotidiane, i bambini si sentono parte del processo e sviluppano un maggiore senso di proprietà e impegno. Questo li rende più propensi a svolgere le loro responsabilità con cura e diligenza, poiché si sentono coinvolti e rispettati.

Un altro aspetto fondamentale nell'insegnare la responsabilità ai bambini è sottolineare l'importanza della coerenza e della perseveranza nel perseguire gli obiettivi e adempiere ai compiti assegnati. Quando i genitori mostrano ai loro figli che il successo deriva dalla costanza nello sforzo e dalla dedizione nel completare le responsabilità affidate, li aiutano a sviluppare una mentalità orientata al raggiungimento degli obiettivi

Un modo per favorire la nascita del senso di autocontrollo è quella di praticare tecniche di rilassamento semplici, come la respirazione profonda o la meditazione guidata. Inoltre, è importante adoperare con loro la consapevolezza emotiva, ovvero riconoscere e dare un nome alle emozioni che provano in diversi momenti. Questo li aiuterà a comprendere meglio se stessi e ad esprimere i loro sentimenti in modo sano. Infine, incoraggiare i bambini ad utilizzare strategie di **problem solving** per affrontare le sfide quotidiane può essere un ottimo strumento per gestire le emozioni difficili.

Ascoltare attentamente i bambini, validare i loro sentimenti e incoraggiarli a parlare apertamente delle loro emozioni è un passo fondamentale per aiutarli a sviluppare un sano autocontrollo e una maggiore resilienza emotiva.

Gestire comportamenti sfidanti come disobbedienza, aggressività, ecc.

Gestire comportamenti difficili come insubordinazione, aggressività e altri aspetti problematici è una capacità fondamentale per genitori, insegnanti e figure di riferimento quando si relazionano con i bambini. Affrontare le situazioni richiede pazienza, comprensione approfondita e strategie efficaci per promuovere un comportamento positivo e creare un ambiente armonioso e accogliente.

E' cruciale comprendere le radici e le motivazioni che sottendono ai comportamenti sfidanti. Questi possono scaturire da una vasta gamma di fattori, tra cui frustrazione, bisogni insoddisfatti, stress emotivo o difficoltà nell'esprimere e comunicare efficacemente i propri sentimenti. Identificare e affrontare queste cause profonde può essere il primo passo fondamentale per gestire in modo costruttivo i comportamenti problematici.

Una strategia chiave di estrema importanza è quella di stabilire e mantenere regole chiare, coerenti e comprensibili. Quando i bambini hanno una comprensione nitida di ciò che ci si aspetta da loro e delle conseguenze associate ai loro comportamenti, sono molto più propensi a seguire le regole stabilite e a adottare comportamenti appropriati e consoni al contesto. È essenziale comunicare queste regole in modo chiaro, rispettoso e accessibile, assicurandosi che vengano applicate in modo equo, coerente e costante, senza eccezioni o favoritismi.

Estremamente utile è fornire ai bambini alternative positive e costruttive per esprimere i propri sentimenti e risolvere conflitti in modo sano ed efficace.

Dovremo aiutarli a modellare un comportamento compassionevole ed equilibrato di fronte ai bambini. Quando gli adulti mantengono la calma e si controllano in situazioni stressanti o difficili, insegnano ai bambini l'importanza del controllo emotivo e della risoluzione pacifica dei conflitti. Questa dimostrazione pratica di autocontrollo e gestione delle emozioni è un prezioso esempio per i piccoli.

Fornire supporto e incoraggiamento costanti ai bambini aiuta loro ad apprendere la gestione di comportamenti sfidanti. Celebrare anche i piccoli progressi e offrire guide e consigli quando sorgono difficoltà aiuta i piccoli a sviluppare fiducia in sé stessi e capacità di adattamento.

Analizzare ed affrontare i comportamenti problematici come disobbedienza, aggressività e altri richiede un approccio olistico che includa comprensione, regole chiare, alternative positive, modelli di comportamento positivo e sostegno costante. Con pazienza, impegno e strategie efficaci, è possibile promuovere un comportamento positivo e un ambiente familiare o scolastico più armonioso e inclusivo per tutti i bambini coinvolti.

Continuando su questo argomento cruciale, serve esplorare ulteriori strategie e approcci per gestire efficacemente i comportamenti sfidanti nei bambini, garantendo un ambiente sano e costruttivo per la loro crescita e sviluppo.

Quando i bambini manifestano comportamenti sfidanti, è fondamentale adottare un approccio empatico e positivo per comprenderli e affrontarli in modo efficace. Dovremo comunicare con il bambino in modo rispettoso e comprensivo, ascoltando attentamente le sue preoccupazioni ed emozioni. In questo modo, si sentirà compreso e valorizzato, facilitando la sua disponibilità a collaborare per risolvere i problemi comportamentali.

Adottare una mentalità proattiva e positiva nel gestire i comportamenti sfidanti ed evitando reazioni punitive ci consentirà di sostenere un dialogo costruttivo con loro. Focalizziamo l'attenzione sul rinforzare i comportamenti desiderati attraverso elogi sinceri, ricompense motivanti e rinforzi positivi consistenti. Un approccio incoraggiante e premuroso favorisce la motivazione intrinseca del bambino e lo incoraggia a sviluppare comportamenti appropriati e costruttivi per ottenere risultati positivi e gratificanti.

Dovremo comprendere che la gestione dei comportamenti sfidanti richiede coerenza, pazienza e persistenza nel tempo poiché è improbabile che i comportamenti problematici scompaiano immediatamente, ma con un impegno costante e una pratica coerente delle strategie menzionate, è possibile promuovere un cambiamento positivo nel comportamento del bambino nel lungo periodo. La coerenza e la perseveranza sono essenziali per consolidare i risultati positivi e permettere al bambino di sviluppare abitudini comportamentali sane e costruttive.

Durante la crescita dei bambini, i genitori e gli educatori si trovano spesso ad affrontare situazioni particolari che possono sembrare impegnative; il rifiuto del cibo e le paure notturne sono due esempi comuni di situazioni difficili che richiedono una gestione delicata.

Il rifiuto del cibo è un fenomeno frequente durante l'infanzia. Può essere causato da fattori come le preferenze personali del bambino, texture sgradevoli degli alimenti o semplicemente una fase di sviluppo transitori, anziché creare conflitti o forzare il bambino a mangiare, è consigliabile adottare un approccio più positivo. Offrire una varietà di cibi sani e appetitosi, coinvolgere il bambino nella preparazione dei pasti e creare un ambiente rilassato e piacevole intorno al momento del pasto può essere molto utile. In questo modo, il bambino impara ad associare il cibo a un'esperienza positiva e graduale, sviluppando un rapporto sano con l'alimentazione.

Le paure notturne sono un'altra sfida comune che molti bambini affrontano durante l'infanzia. Queste paure possono essere causate da fattori come una vivace immaginazione, ansia da separazione o semplicemente la paura del buio. Per aiutare i bambini a gestire questi timori, è fondamentale creare una routine rassicurante prima di coricarsi. Questa può includere la lettura di storie rilassanti, l'esecuzione di esercizi di respirazione o la pratica di tecniche di rilassamento; fornire al bambino un oggetto rassicurante, come un peluche preferito, e assicurarsi che l'ambiente in cui dorme sia accogliente e sicuro può contribuire a ridurre le paure notturne.

Alcune situazioni particolari possono richiedere un'attenzione speciale durante la crescita dei bambini. Una di queste è la gelosia tra fratelli, che può nascere quando un nuovo membro viene aggiunto alla famiglia o quando l'attenzione dei genitori sembra essere sbilanciata. In questi casi, è cruciale ascoltare le preoccupazioni di tutti i figli, mostrando comprensione e imparzialità. Dovremo dedicare del tempo individuale a ciascun bambino e incoraggiare l'interazione positiva tra fratelli attraverso attività di squadra e giochi cooperativi.

Un'altra sfida comune può essere la gestione della rabbia e dell'aggressività nei bambini. Questi comportamenti possono manifestarsi a causa di fattori come frustrazione, stanchezza o difficoltà nel comunicare le proprie emozioni. Quando si verificano episodi di rabbia, è fondamentale mantenere la calma e offrire un ambiente sicuro e accogliente. Successivamente, è importante ascoltare attentamente le preoccupazioni del bambino, validare i suoi sentimenti e insegnare strategie costruttive per esprimere e gestire le emozioni intense, come la respirazione profonda, l'esercizio fisico o l'espressione artistica. Attraverso l'amore, il sostegno e l'adozione di strategie adeguate, è possibile aiutare i bambini a superare queste sfide e sviluppare abilità importanti per la vita, come la gestione delle emozioni, la risoluzione dei conflitti e la resilienza emotiva.

I genitori spesso devono affrontare la sfida di aiutare i loro figli a sviluppare abitudini di sonno sane. Molti bambini fanno fatica a stabilire una routine di sonno regolare o a gestire l'ansia da separazione durante la notte. Per superare questa situazione, dovremo creare un ambiente di sonno piacevole e rilassante; stabilire una routine serale rassicurante, come leggere una storia o fare un bagno caldo, e limitare gli stimoli prima di coricarsi, come guardare la TV o usare dispositivi elettronici. Il genitore dovrà essere coerente nel rispettare gli orari di sonno e offrire sostegno emotivo al bambino durante la notte, se necessario. Ad esempio, i genitori possono rimanere con il bambino fino a quando non si addormenta o lasciare una luce notturna accesa per farlo sentire più sicuro.

Abbiamo, dunque compreso che affrontare situazioni particolari nell'educazione dei bambini richiede un approccio empatico, paziente e consapevole delle esigenze individuali di ogni figlio. Con amore, comprensione e strategie appropriate, come quelle menzionate in precedenza.

Strategie per situazioni: gelosia tra fratelli e bullismo

Quando ci troviamo di fronte a situazioni complicate come la gelosia tra fratelli o il bullismo, è importante affrontarle con calma e compassione. Le sfide possono avere un impatto significativo sul benessere emotivo e sulle relazioni dei bambini. Per questo motivo, dobbiamo adottare strategie efficaci per gestirle nel migliore dei modi.

Nel caso delle gelosie tra fratelli, è fondamentale creare un ambiente familiare equo e inclusivo. In questo modo, ogni bambino si sentirà valorizzato e amato allo stesso modo. Gli adulti dovrebbero incoraggiare una comunicazione aperta tra i fratelli. Inoltre, è utile promuovere attività che favoriscano la collaborazione e la cooperazione; le presenti rafforzeranno i legami familiari e ridurranno la rivalità tra fratelli.

Quando si tratta di bullismo, è essenziale adottare un approccio di tolleranza zero. Gli adulti devono intervenire prontamente per prevenire comportamenti dannosi. È importante prestare attenzione ai segnali di bullismo e i bambini devono essere educati sui valori della gentilezza, del rispetto e della tolleranza. Dovremmo promuovere un clima di rispetto reciproco e accettazione nelle scuole e nella comunità. In questo modo, si creerà un ambiente sicuro e inclusivo per tutti i bambini.

Coinvolgere attivamente i genitori e gli educatori nel processo è cruciale. Dobbiamo fornire loro le risorse e il supporto necessari per affrontare queste situazioni in modo efficace. La collaborazione tra famiglia, scuola e comunità è fondamentale; solo unendo le forze potremo creare un ambiente sano e inclusivo in cui tutti i bambini possano crescere e svilupparsi in modo positivo.

Affrontare le situazioni analizzate, richiede un impegno costante per promuovere un clima di rispetto, comprensione e solidarietà reciproca. Gli adulti devono essere consapevoli di queste sfide e lavorare attivamente per prevenirle e affrontarle in modo efficace, garantendo il benessere e la sicurezza dei bambini coinvolti. Con una combinazione di comunicazione aperta, educazione sui valori positivi e interventi tempestivi, è possibile creare un ambiente sano e inclusivo per tutti i bambini.

La gelosia tra fratelli è una sfida comune in molte famiglie, ma ci sono diverse strategie che i genitori possono adottare per affrontare questa situazione in modo efficace. Ecco alcuni suggerimenti su come gestire la gelosia tra fratelli:

- È importante riconoscere e convalidare i sentimenti di gelosia dei bambini anziché ignorarli o minimizzarli. I genitori possono dire cose come "Capisco che ti senti triste quando tuo fratello riceve attenzione" o "È normale sentirsi gelosi quando qualcun altro sembra ottenere più attenzione".

- Assicurati di trattare i bambini in modo equo e di riconoscere le loro individualità. Cercare di evitare confronti diretti tra i bambini o di favorire uno rispetto all'altro. Invece, incoraggia le loro passioni e interessi unici e celebra i successi di ciascun bambino in modo equo.

- Insegna ai bambini abilità di comunicazione efficaci per esprimere i loro sentimenti in modo sano e assertivo. Invece di comportarsi in modo aggressivo o passivo-aggressivo, incoraggiali a esprimere ciò che provano in modo chiaro e rispettoso.

- Insegna ai bambini a riconoscere e apprezzare le qualità e i successi l'uno dell'altro. Questo può aiutarli a vedere l'importanza di supportarsi a vicenda anziché competere.

Attraverso questi regoli semplici potremo aiutare i nostri piccoli a costruire un rapporto sano con i fratelli.

Riprendendo il discorso sul bullismo, è cruciale adottare un approccio multidimensionale che coinvolga non solo l'intervento diretto sugli episodi di bullismo, ma anche la promozione di un clima scolastico e comunitario positivo basato sul rispetto, la gentilezza e l'accettazione delle diversità. Gli adulti, come insegnanti e genitori, devono essere addestrati a riconoscere i segni del bullismo e a intervenire prontamente, fornendo supporto sia alla vittima che all'aggressore. Allo stesso tempo, è fondamentale educare i bambini sui valori dell'empatia, della tolleranza e della diversità, incoraggiandoli a essere agenti di cambiamento positivo nella

Fondamentale è coinvolgere attivamente genitori, insegnanti e membri della comunità nel processo di prevenzione e gestione del bullismo. Questo approccio collaborativo può contribuire a creare una rete di supporto solida e coesa per tutti i bambini, promuovendo un ambiente sicuro e rispettoso. Inoltre, è importante promuovere una stretta collaborazione tra famiglia e scuola, incoraggiando una comunicazione aperta e regolare sulle preoccupazioni e sui progressi dei bambini.

Valorizzare la gratitudine e l'apprezzamento reciproco

Mostrare gratitudine e apprezzamento reciproco in famiglia è di vitale importanza per creare un ambiente positivo, affettuoso e un forte legame emotivo tra i membri. La gratitudine è un sentimento potente che può influire notevolmente sul benessere psicologico e le relazioni interpersonali, migliorandole in modo significativo. Esprimere riconoscenza significa riconoscere e apprezzare le azioni, le parole e i gesti gentili degli altri familiari. Questo non solo fa sentire la persona apprezzata e valorizzata, ma rafforza anche il legame tra i componenti della famiglia; ci si sente riconosciuti e apprezzati, si sviluppa un senso di fiducia, affetto e rispetto reciproco che contribuisce al benessere emotivo di tutti i membri familiari, creando un ambiente armonioso e sereno.

Esistono numerose modalità per valorizzare la gratitudine e l'apprezzamento reciproco in famiglia. Ad esempio, è possibile esprimere riconoscenza attraverso semplici parole di ringraziamento per le piccole gentilezze quotidiane, come preparare un pasto, fare la spesa o aiutare con le faccende domestiche. Inoltre, si possono scrivere biglietti di ringraziamento o fare piccoli regali simbolici per dimostrare apprezzamento verso le persone care. Questi gesti, seppur semplici, possono avere un impatto profondo sulle relazioni familiari, rinsaldando i legami e creando un clima di positività e rispetto reciproco.

Fondamentale è incoraggiare tutti i membri della famiglia a riflettere sulla gratitudine e ad esprimerla regolarmente. Questo può essere fatto attraverso conversazioni sincere durante i pasti o prima di andare a letto, dove ciascun membro condivide ciò che apprezza di più nella propria vita e nelle relazioni familiari. Le conversazioni possono essere un momento prezioso per riflettere sulle cose positive, rafforzare i legami emotivi e creare una maggiore consapevolezza dell'importanza di apprezzare gli altri e le piccole gioie della vita quotidiana. Una delle strategie più efficaci è istituire rituali familiari che incoraggiano questa pratica, come un diario della gratitudine in cui ogni membro scrive quotidianamente tre motivi di gratitudine. Questo semplice esercizio aiuta tutti a concentrarsi sugli aspetti positivi della vita e a coltivare un atteggiamento di riconoscenza e apprezzamento. Per rafforzare ulteriormente la pratica della gratitudine, è consigliabile creare momenti speciali in cui i membri della famiglia condividono esperienze di gratitudine e apprezzamento. Trovare dei momenti anche quando le cose sembrano difficili, può essere un potente strumento per affrontare le sfide con una prospettiva più positiva e resiliente. Incoraggiare i tuoi cari a riconoscere le piccole benedizioni nascoste nelle situazioni impegnative può trasformare le prove in preziose opportunità di crescita, forza e speranza condivisa. Questa capacità di rimanere ottimisti di fronte agli ostacoli può essere come un faro luminoso nella tempesta, aiutandovi a navigare verso acque più tranquille come una famiglia unita.

Un modo divertente e coinvolgente per creare armonia sotto il tuo tetto è creare uno spazio dedicato nella tua casa, come una bacheca o un muro degli apprezzamenti. Invita ogni membro della famiglia a contribuire scrivendo regolarmente brevi note o messaggi che esprimono gratitudine gli uni per gli altri. Questo punto focale visivo diventerà un promemoria costante e tangibile dell'importanza di riconoscere e apprezzare le piccole gentilezze e gli atti d'amore che spesso diamo per scontati. Guardare come la bacheca cresce man mano che la vostra famiglia si impegna in questa pratica può essere un'esperienza profondamente gratificante e unificante.

Oltre a mostrare gratitudine reciproca, è altrettanto importante nutrire un senso di auto gratitudine. Incoraggia i tuoi cari a celebrare regolarmente le proprie qualità, realizzazioni e sforzi, non importa quanto piccoli o apparentemente insignificanti possano sembrare. La presente pratica di auto apprezzamento promuove un sano senso di autostima e fiducia in sé stessi, che a sua volta contribuisce a relazioni familiari più equilibrate, sane e soddisfacenti. Quando impariamo ad accettare e amare noi stessi incondizionatamente, diventa più facile estendere quella stessa grazia e comprensione agli altri.

Nutrire relazioni familiari forti e durature

Coltivare relazioni familiari solide e durature è cruciale per il benessere e la felicità di ogni membro della famiglia. Questo traguardo può essere raggiunto attraverso una serie di pratiche e comportamenti che promuovono la fiducia reciproca, la comunicazione aperta e il sostegno emotivo incondizionato. Intessere una connessione familiare forte richiede impegno, dedizione e un desiderio genuino di nutrire legami duraturi.

Prima di tutto, è fondamentale dedicare tempo di qualità alla famiglia, condividendo momenti speciali e creando ricordi indimenticabili. Questo può includere gesti di affetto semplici ma significativi, come abbracci calorosi e parole gentili, ma anche attività più strutturate come cene in famiglia, escursioni all'aria aperta o vacanze condivise. Queste esperienze comuni favoriscono la creazione di legami emozionali profondi e permettono alla famiglia di trascorrere del tempo di qualità insieme, rafforzando i legami affettivi e creando una base solida per la comunicazione e la comprensione reciproca.

Inoltre, è essenziale praticare la comunicazione aperta e onesta all'interno della famiglia. Questo significa essere disposti ad ascoltare attentamente gli altri membri della famiglia senza giudicare, rispettando le loro opinioni e sentimenti; la comunicazione aperta favorisce la comprensione reciproca e permette di affrontare eventuali conflitti o problemi in modo costruttivo e collaborativo.

Un dialogo sincero e privo di giudizi incoraggia un ambiente familiare di apertura e accettazione, in cui ogni membro si sente ascoltato e compreso. I membri della famiglia dovrebbero sentirsi liberi di essere autenticamente se stessi e di esprimere i propri bisogni, desideri e preoccupazioni senza timore di ripercussioni negative. Un ambiente di fiducia e rispetto incondizionato permette a ogni individuo di fiorire e di crescere in modo sano. Riconoscere e ringraziare gli altri per le loro azioni e contributi aiuta a rinforzare i legami affettivi e promuove un senso di appartenenza familiare. Nelle relazioni familiari, possono verificarsi conflitti, incomprensioni o errori, ma è importante essere disposti a perdonare e a lasciar andare il risentimento per favorire la guarigione e la crescita delle relazioni. Il perdono all'interno della famiglia implica accettare le imperfezioni degli altri membri e riconoscere che tutti commettono errori. È un atto di generosità e di amore che permette di superare le ferite emotive e di ripristinare la fiducia e l'intimità. Praticare il perdono offre un esempio positivo ai bambini, insegnando loro l'importanza di lasciar andare la rabbia e di coltivare l'empatia e la compassione verso gli altri. La compassione reciproca è altrettanto cruciale per nutrire relazioni familiari sane ciò significa essere empatici e solidali nei confronti degli altri membri della famiglia durante i momenti di difficoltà o sofferenza. Mostrare compassione verso i propri cari crea un clima di sostegno e comprensione che rafforza i legami familiari e promuove il benessere emotivo di tutti; essere compassionevoli implica ascoltare con attenzione, offrire conforto e incoraggiamento e rispettare le esperienze e le emozioni degli altri membri della famiglia.

Riassunto dei concetti chiave trattati nel libro

Nel libro sono stati discussi numerosi concetti importanti per promuovere relazioni familiari salutari e costruttive. Uno dei temi principali era l'importanza di una comunicazione aperta e sincera in famiglia, essenziale per favorire la comprensione reciproca e affrontare eventuali conflitti in modo costruttivo. Inoltre, sono state esaminate strategie per gestire le emozioni, sia dei genitori che dei figli, al fine di creare un ambiente emotivo sano e di sostegno. Incoraggiare l'autonomia nei bambini, insieme all'impostazione di limiti chiari e coerenti, è stato riconosciuto come un aspetto cruciale per promuovere lo sviluppo del senso di responsabilità e dell'autocontrollo nei figli.

Il libro ha anche fornito suggerimenti per affrontare comportamenti problematici come la disobbedienza e l'aggressività, nonché per gestire situazioni specifiche come il rifiuto del cibo o le gelosie tra fratelli. Le strategie proposte miravano a risolvere questi problemi in modo efficace e costruttivo, promuovendo al contempo un ambiente familiare positivo e rispettoso. Ulteriore concetto affrontato nel libro riguardava la promozione di un clima familiare positivo basato sulla gratitudine, sull'apprezzamento reciproco e sul coinvolgimento dei bambini nelle decisioni familiari.

Questi concetti chiave, se messi in pratica con coerenza, possono contribuire a creare relazioni familiari più forti, armoniose e durature. Il libro ha fornito una guida pratica per affrontare le sfide quotidiane della vita familiare e per costruire un ambiente domestico sano e supportivo.

Invito all'azione e suggerimenti per implementare le strategie discusse

È fondamentale tradurre in pratica le strategie e i concetti chiave presentati nel libro per migliorare la vita familiare quotidiana. Il primo passo consigliato è identificare un aspetto specifico su cui lavorare, come la comunicazione. Potresti stabilire momenti regolari per condividere pensieri, emozioni ed esperienze con i tuoi cari, utilizzando l'ascolto attivo e l'empatia; ciò favorirà una comprensione reciproca e rafforzerà i legami familiari. È altresì cruciale gestire in modo sano le emozioni: pratica esercizi di respirazione e consapevolezza per ridurre stress e ansia, coinvolgendo anche i figli. Insegna loro l'importanza di esprimere e regolare le emozioni in modo costruttivo.

Per promuovere l'autonomia e la responsabilità nei bambini, coinvolgili nelle decisioni familiari assegnando compiti adeguati all'età. Riconosci e premia i comportamenti positivi e rispettosi per rafforzare questi tratti desiderabili. Nel gestire situazioni complesse, come gelosie tra fratelli o rifiuto del cibo, mantieni la calma e adotta un approccio paziente e comprensivo. Utilizza tecniche di risoluzione dei problemi coinvolgendo tutti i membri della famiglia nella ricerca di soluzioni collaborative. Facendo piccoli passi e integrando questi principi nella quotidianità, potrai costruire relazioni familiari più solide e armoniche, promuovendo il benessere di tutti.

È fondamentale porre in pratica le strategie e i concetti chiave presentati nel libro per migliorare la vita familiare quotidiana. Il secondo passo consigliato è identificare un aspetto specifico su cui lavorare, come la comunicazione aperta e sincera. Potresti stabilire momenti regolari per condividere pensieri, emozioni ed esperienze con i tuoi cari, utilizzando tecniche di ascolto attivo ed empatia. Ciò favorirà una comprensione reciproca più profonda e rafforzerà i legami familiari, creando un'atmosfera di fiducia e rispetto

Ultimo ma non meno importante, per creare un ambiente familiare positivo, mostra apprezzamento e gratitudine verso gli altri membri della tua famiglia. Prendi del tempo ogni giorno per esprimere la tua gratitudine anche per le piccole cose che fanno gli altri. Riconosci e celebra gli sforzi e i successi dei tuoi cari. Un piccolo gesto di apprezzamento può fare una grande differenza nel rafforzare i vostri legami e la vostra connessione emotiva. Per mettere in pratica queste strategie per migliorare le relazioni familiari, è fondamentale essere consapevoli e proattivi nell'applicarle nella vostra vita quotidiana.

Prospettive future sull'educazione senza urlare

Guardare al futuro dell'educazione e della comunicazione con i bambini richiede di considerare diverse prospettive importanti. Un'area di crescente attenzione potrebbe essere lo sviluppo di competenze emotive e sociali fin dalla prima infanzia. Ciò potrebbe comportare l'integrazione di programmi educativi che insegnano agli insegnanti e ai genitori come aiutare i bambini a comprendere e gestire le emozioni in modo sano ed efficace. Insegnare ai bambini fin da piccoli a riconoscere e regolare le proprie emozioni in modo positivo può avere benefici significativi per il loro sviluppo emotivo e sociale a lungo termine.

Un'altra tendenza emergente potrebbe essere l'enfasi sull'ascolto attivo e l'empatia nella gestione dei comportamenti dei bambini. Questi approcci sottolineano l'importanza di comprendere le esigenze e i sentimenti dei bambini, piuttosto che semplicemente imporre regole e conseguenze. L'ascolto attivo e l'empatia favoriscono una maggiore consapevolezza delle dinamiche familiari e possono promuovere relazioni più rispettose e collaborative tra genitori e figli. Quando i bambini si sentono ascoltati e compresi, sono più propensi a rispondere positivamente e a sviluppare una migliore autoregolamentazione.

L'avanzamento della tecnologia sta offrendo nuove risorse e strumenti per migliorare la comunicazione e la gestione dei comportamenti familiari. Applicazioni e piattaforme digitali possono fornire consulenza e supporto ai genitori, offrendo suggerimenti personalizzati e risorse educative per affrontare situazioni specifiche. Queste risorse possono aiutare i genitori a sviluppare strategie efficaci per comunicare e gestire i comportamenti dei loro figli in modo positivo e costruttivo.

Potremmo assistere a un cambiamento culturale più ampio che ridefinisce il concetto di autorità genitoriale. Questo potrebbe includere una maggiore accettazione della vulnerabilità e della reciprocità nella relazione genitore figlio, con un maggiore enfasi sull'educazione basata sull'equità, il rispetto e la comprensione reciproca.

In parole semplici, il futuro dell'educazione senza urlare potrebbe essere più coinvolgente dal punto di vista emotivo. Questo approccio si diffonderà ampiamente, con tecniche basate sull'empatia e l'ascolto attivo degli altri. Nuove tecnologie verranno utilizzate per supportare questo cambiamento culturale verso modelli educativi più equi e rispettosi. I genitori e gli insegnanti impareranno a comunicare in modo empatico e a comprendere a fondo le esigenze dei bambini.

Printed by Amazon Italia Logistica S.r.l.
Torrazza Piemonte (TO), Italy

60159279R00057